ライフサイクル、その完結

〈増補版〉

E. H. エリクソン / J. M. エリクソン

村瀬孝雄
近藤邦夫 訳

みすず書房

THE LIFE CYCLE COMPLETED

A REVIEW

Expanded Edition

by

Erik H. Erikson
Joan M. Erikson

First published by W.W. Norton & Company, Inc., New York 1997

まえがき（増補版）

この『ライフサイクル、その完結』（増補版）は、ライフサイクルの第九段階を提起しているという点で、初版の内容を広げたものになっている。第九段階は従来のエリクソンの心理社会的発達の理論では想定していなかったものなので、この新しい主題を述べるにあたっては、初版では最終段階となる第八段階に関する自伝的な解説が必要となるだろう。

もっとも、エリックと私が考え提起してきた第八段階について述べる前に、まず、この段階が第八の段階に「昇級」した事情について語っておきたい。

一九四〇年代の終わり、当時カリフォルニアに住んでいた私たちは、「子どもと若者に関するミドセンチュリー・ホワイトハウス・カンファレンス」において、人生の発達段階に関する研究発表をするように招待を受けた。私たちがそのために準備した論文は「健康なパーソナリティの成長と危機」であった。

私たちは熱心にその準備に取りかかった。当時、夫のエリックは子どもの精神分析治療に専念しており、また、カリフォルニア大学バークレイ校における「子どもの長期追跡調査」の仕事のためにカリフォルニアにいた。一方、私は三人の幼い子どもの育児と家事の切り盛りに専念していた。私たちが、子どもの発達段階に身近に触れると同時に、壮年期、結婚、子育て《パレンティング》といった問題や課題に気づき始めていたことは確かである。しかし、未だ充分にはこなし切れてはいない、もつれた関係の糸の真っただ中で生きながら、どうして当時の私たちが「この時期のことが良く分かっている」と感じていられたのか、今から考えると呆れてしまう。

私たちは、当時幾つもの四角形を丁寧に編み上げ、慎重に言葉を選び出して、ライフサイクル全体を一枚の紙の上に表現することができた。それ以上洗練し精緻化する余地があるなどとは、その時は思えなかった。後にこの図は縦幅も横幅も伸びることになり、劇的な色合いに織りなされることになったが、このライフサイクルの図式は、人がそれを自分自身で編み直しながら眺める時、あるいは自分自身で編み直そうとする時に、真に意味あるものとなると、私はいつも考えてきた。

このホワイトハウス・カンファレンスの少し前に、エリックはロサンゼルスの心理学者や精神科医たちにライフサイクルの「諸段階」に関する講義を依頼された。このような依頼は、この素材について議論し、妥当性を検証する格好の機会になると思えた。私たちは最寄りの駅まで車で行き、エリックはそこでロサンゼルス行きの列車に乗り、私は子どもたちのために大急ぎで家に帰るという計画を立てた。

バークレイ・ヒルズから南サンフランシスコ駅までは、とても長いドライブであったが、私たちはその時間を、発達図式とその提示の仕方について議論することに費やした。私たちはまた、あの偉大なシェークスピアが「人間の七つの年代」を書いた時に、こともあろうに「遊戯期《プレイ・エイジ》」（より包括的な私たちの発達モデルの中では第三段階に当たるもの）をそこに入れるのをすっかり忘れていたことを思い出して、喜んでいた。なんと面白いパラドックスであろう！　恐らく、子どもや大人の生活の中で遊びが果たす役割に、彼はまったく目を向けていなかったのであろう。私たちは楽しい気分になり、これに気づいた自分たちを賢く感じたものだった。

あのシェークスピアが人間の七つの年代について語ったことを思い出していただきたい。人間が年老いていくことは、彼にとっては、まことに陰鬱なことであったようだ。

この世界はすべてこれ一つの舞台、
人間は男女を問わずすべてこれ役者にすぎぬ、
それぞれ舞台に登場してはまた退場していく、
そしてそのあいだに一人一人がさまざまな役を演じる、
年齢によって七幕に分かれているのだ。まず第一幕は
赤ん坊、乳母に抱かれて泣いたりもどしたり。
次は泣き虫小学生、カバンぶらさげ、輝く朝日を

顔に受け、歩く姿はカタツムリ、いやいやながらの
学校通い。さてその次は恋する若者、鉄をも溶かす
炉のように溜息ついて、悲しみこめて吐き出すは、
恋人の顔立ちたたえる歌。次に演ずるのは軍人、
あやしげな誓いの文句並べ立て、豹のような髭はやし、
名誉欲に目の色変え、むやみやたらに喧嘩っ早く、
大砲の筒先向けられてもなんのその、求めるのは
あぶくのような功名のみ。それに続くは裁判官、
賄賂《わいろ》の去勢鶏《きよせいどり》つめこんで腹はみごとな太鼓腹、
目はいかめしい半白眼、髭は型どおりの八の字髭、
もっともらしい格言やごく月並みな判例さえ
口に出せればはたせる役。さて第六幕ともなれば、
見る影もなくやせこけてスリッパはいた間抜けじじい、
鼻の上には鼻眼鏡、腰にはしっかり腰巾着《ぎんちやく》、
若いころの長靴下は、大事にとっておいたのに、
しなびた脛《すね》には大きすぎ、男らしかった大声も、

かん高い子供の声に逆もどり、ピーピーヒューヒュー
鳴るばかり。いよいよ最後の大詰めは、すなわちこの
波乱に富んだ奇々怪々の一代記をしめくくる終幕は、
第二の赤ん坊、闇に閉ざされたまったくの忘却、
歯もなく、目もなく、味もなく、なにもない。

（お気に召すまま、第二幕、第七場／小田島雄志訳による）

エリックがハンドルを握り、私はライフサイクルの図を膝の上に載せて座っていたのだが、私は次第に落ち着かなくなった。シェークスピアは人生を七つの段階に分けて考え、私たちも同じように七つの段階を考えていたのだが、もし彼が遊戯期という重要な段階を見落としていたのであれば、私たちも一つの段階を見落としていたのではないか？　それにハッと気がついて衝撃を受けた瞬間、何が間違っていたのかにも気がついた。私たちが見落としていたのは、この時期の「私たち」、子どもたち、（エリックの新著のテーマである）「子どもと社会」であった。つまり、七つの段階の発達図式では、「親密性」（第六段階）からいきなり「老年期」（第七段階）にとんでしまっていたのだが、この第六段階と第七段階の間に、もう一つの段階を設定する必要があることに気がついた。時間は差し迫っていたが、私たちは新たに「生殖性 対 停滞」という第七段階を設け、その次の第八段階に、英知

と統合という強さを備えた老年期を昇級させたのである。

ライフサイクルの中で自分自身が今どこにいるのかをしっかりと認識し、それについて距離を置いて眺めることは、なんと難しいことなのだろう。今日という日は、人がゆっくりと腰を下ろしてそれを振り返るまで、昨日という日となんら変わりがないのである。そうだとすれば、老年期が徐々に忍び寄り、しかも日々が慌ただしく過ぎ去っていく時、私たちはそれをしっかり認識することができるだろうか？　事実、当時の私たちも、極めて緩慢なペースで、老年期（第八段階）に生ずる一つ一つのできごとについて学び始めていたのだった。

第八段階

ホワイトハウス・カンファレンスになんとか間に合うように「生殖性」という概念に辿り着いたものの、私たちは、日々増大する子どもたちの要求、研究のための出張や研究助成金の申請、その他の目的に忙殺されていた。エネルギー効率は少しづつ低下していたが、私たちは精力的に働いていた。それは、老年期というものが本当に実感できるものとなり始めるまで変わらなかった。私たちは恐らく少しづつ下り坂にさしかかっていたのだが、それを深刻に受けとらなかったし、友人たちもそれに関心を持たせないような心づかいをしてくれた。

エリックが『ライフサイクル、その完結』を著したのは九〇歳になる前のことだった。私たちは八

○歳になった頃、自分たちが老人になったということを初めて認識し始めたのだが、恐らく、九〇歳近くになるまで老年期の試練に現実的に直面することはなかったと思う。私たちの生活は解決不能な困難に見舞われることはそれまでなかったのである。しかし、九〇歳になって、まったく違う状況が訪れた。以前であれば、どのような老年期の兆候に出会ってもゲーム気分で軽くかわしていたのだが、私たちは間もなく、かわすことのできない不快な現実に向き合い始めることになった。

「生殖性」の段階を通り抜けている頃は、人生行路の終わりが今ここにあるものとはとても感じられなかった。それはまだまだ何年も先にあるものだと当然のように思っていた。しかし、九〇歳になって、目の前に見える光景は変化した。先の見通しは狭まり、そして不明瞭になった。死の扉——いつかは来るものと分かってはいたが、これまでは難なく飛び越えてきたもの——が、今や、すぐそこにあるように思えるものとなった。

エリックが九一歳になった時、私たち夫婦は結婚六四年目を迎えた。彼は臀部の手術を受けた後に第一線を退き、澄みきった心境で引退した。気持ちが塞いだりうろたえたりすることもなく、介護の人たちの言うことにきちんと従い、彼らに深い感謝の気持ちを向けていた。我が身に老年期が訪れたら、あのように賢明に、優雅に、老年期を受け入れたいものだと思うほどだった。さて、私は現在九三歳であるが、これまでじわじわと忍び寄る老いに不可避的にまつわる様々な困難を経験してきた。私は、引退もしていないし、澄みきった心境でもないし、優雅でもない。事実、最後の発達段階に関することの増補版の仕事を、手遅れにならぬうちに、そして担い切れぬほど過重な仕事にならぬ前になし遂げたいと渇望しているのだから。

「ライフサイクル、その完結」の初版が一九八二年に発行された後、エリックはそれを批判的に読み返し、文頭から文末まで赤や黒や青のインクで惜し気もなく下線を引いたり注釈をつけたりしていた。私は、彼の死の直前、たまたまそれをチェックする機会があったが、下線や感嘆符や注釈がついていない頁は一頁もなかった。恐らく、芸術家だけがこのように大胆かつ率直な姿勢を持ち得るのであろう。

自分が書いたものに小心とも言える神経をつかっていたエリックは、出版された著作のあらゆる頁に批判的コメントを書き加えていた。それを見て、私は、彼は私に何を伝えようとしていたのだろうかと考え込んだ。これらの厳密な注釈は、私たちのそれまでの思索をどのように修正しようとしたものなのだろうか、私たちのそれまでのライフサイクル概念に何をつけ加えようとしたものなのだろうかと。

ライフサイクル図式の第八段階とそれに付与された「強さ」について、私がここでもう一度振り返ってみたいと思うのは、エリックと私がいわばその段階に「到達」した時に現われた、幾つかの意味深い重要な考え方の変化を明らかにしたいからである。エリックは、「生きている間にライフサイクルを完結させようとする試み」を振り返ることは「適切かつ妥当なことだと思える」[1]と述べているが、私もこの観点からこのコメントを書いている。一九四〇年代のはじめ、私たちはライフサイクルの「徳」を形容するのに最適な言葉を探していたのだが、結局、老年期に結実する最後の「強さ」として、「英知」と「統合」という言葉を選択した。実は私たちは最初は「希望」という言葉を考えていた。それが、生存のために必須のものであり、他の全ての「強さ」にも必要なものだからである。しかしそれは乳児期から死にいたるまで人間が生き続けるために必要不可欠なものなので、たとえそれが一生涯持続するものだとしても、それが結実する特定の時期を設ける必要はないと考えた。それで、老年期の強さを「英知」と「統合」と命名したのだが、同時に、この選択を正当化する必要に迫られることにもなった。

「英知」と「統合」という言葉は、擬人化され、銅像に鋳造されたり、石像や木像として彫刻されてきた高尚な響きを持つ言葉の一つである。我々は、これらの徳や強さを考える時、これらの言葉が表わす特性を描写するために作られた崇高な像を思い出しがちだ。例えば、トーチを掲げて空を仰ぐ「自由の女神」(Liberty)、目隠しをされ、はかりを手に携えた「正義の女神」(Justice)、いたるところにある「信仰」「希望」「慈愛」の像等がそれである。我々は石像であろうと石膏像であろうと銅像であろうと、それらを静かに賞揚し、高潔な気持ちで崇敬する。

しかし、「英知」と「統合」という語と老人の関係は、我々がまずこれらの徳が表わすものの現実《アースバウ》的《ンド》な強さを理解することがなければ、歪んだものとなる。これらの徳はあまりにも高尚なものとなり、意味不明瞭なものとなってしまうからである。我々はそれらを現実《アクチュアリティ》に引き下ろし、その真の意味を絞り出さねばならない。例えば、「英知」は、「事実や公式の詰まった、膨大な思慮深い知識」という定義では不充分である。ランダムハウスのカレッジ辞典の定義、つまり「賢明であること、本当のことと及び正しいことに関する知識（優れた判断を伴う）、学問的な知識、賢明な言葉や教え」という定義も、同様に不充分である。

我々は「英知」と「統合」の根や種まで掘り下げねばならない。オックスフォード英語辞典は、数々の言葉を容赦なく煮詰めて、長い時代を経てきた、確実な根拠のある、根源的《アースバウンド》なつながりを提示する。それを見ると、6インチにもわたる長い記述の後に、我々は、あの輝かしい「英知」の原石あるいは核芯とも言うべき語に辿り着く。この語の語源は、vēda、つまり「見ること、知ること」であるという。

この vēda という語は、ベーダ（Vedas）と総称される古代インドの聖典に記された数々の神話と神託に我々を連れ戻す。このベーダには展望《ヴィジョン》、理解、英知に対する永遠の探究が組み込まれている。ヒンズーの神々がまず最初にベーダを見たのであるが、英知つまり啓示《イルミネーション》は、見ること《サイト》によって伝えられたという。

我々はこの「視覚《サイト》」という素晴らしい贈り物を当然のように受け取っている（もっともそれは、我々が何不自由なく「見る」ことができる間だけであるが）。我々は長い過去を返り見る《ルック・バック》ことができ、それによって我々自身の生活や我々が住む世界を理解することができる。我々は、また、前を見る《ルック・フォワード》（期待を込めて将来を見る）。この「見る」は、単なる願望充足的な思考や希望充足的な夢想にすぎないこともあるが、しかし、未来が希望に満ちた眺望を持たなければ、全ては懸念と不安で曇ってしまうだろう。アメリカ的な陽気なライフスタイルの中でも、実は我々は古代の知恵を引き継いだ日常的表現を用いている。「うん、そうか、分かった」(Oh, I see. I get it. I understand.) と言う時、知らず知らずのうちにこの知恵を表現しているのである。同時に我々は、「目を開く」(enlightenment：啓蒙)、「見分ける」(discernment：眼識)、「見抜く」(insight：洞察) というような、「見ること」や「視覚」に関連する語に高い敬意と評価を与えている。

視覚という贈り物に恵まれた我々にとって、それのない生活がどのようなものかを考えることは苦痛なので、そのような状態を考えまいとしがちである。視力に恵まれなかった人たちは恐らく聴覚や嗅覚や味覚や触覚の力を高度に発達させる。これらの視覚以外の感覚を伸ばし研ぎ澄ますことによって豊饒な世界を作っているのではないか？　視覚への過度の依存のほうが実際には世界を貧しくすると、彼らは考えているかもしれない。

研ぎ澄まされた視力《ヴィジョン》は、我々を的確に方向づけ、我々を大地に――我々が住み、動き、食べ物を探し、そして他の人間や動物や自然と折り合って生きる仕方を学ぶ大地に――結びつける。このためにこそ、目は大きく見開かれ、研ぎ澄まされていなければならない。このためにこそ、耳もまた、あらゆる信号を鋭敏に捉え、その意味を理解できるようになっていなければならない。

英知という語の根源的な意味を見出して嬉しくなった私は、その後、さらに新しい発見をした。数千年前のシュメール語では「耳」と「英知」を表わす語が同一であったらしいということである。シュメールの英知の神につけられた名前から判断すると、この語は恐らく"enki"であったと思われる。「女神は、天界から地界に向かって、耳を、つまり英知の受容器を、開いた」[2]と言われる。もし、英知が視覚像だけでなく音を通しても伝えられるものだとすれば、歌うことやリズミックな動作やダンスは、英知の運搬器や増幅器の役割を果たすことになる。音は力強い。音は、慰めを与え、蒙を啓き、情報を伝え、刺激を与える。音は我々の潜在能力を引き出し、我々は聴覚の力を借りて英知を発達させる。

このように考えてくると、英知というものは現実の世界——諸感覚を通して我々はそれに近づけるのだが——に属するものであることが分かる。我々が見たり聞いたりしてものごとを理解するというのは、まさにこれらの感覚を使ってできることなのである。これらの感覚はまた嗅覚や味覚や触覚に支えられて、さらに豊かなものになる。全ての動物がこれらの天賦の能力と属性を与えられている。しかし、これらの貴重な情報源の働きはいつまでも向上し続けるわけではない。それ故に、明敏な精神が、情報を、必要な時に適切に使えるものとして賢明に保存していくのである。何を見て、何を聞くべきかについて的確な指針を与え、我々個々人及び我々が住む社会にとって重要なもの、長続きのするもの、役に立つものに我々の能力を集中させるのも、英知の役割なのである。

我々は老人に対して、「統合」というもう一つの属性を付与してきた。英知と同じくらいに高尚で高貴な属性でありながら、英知ほど理解されてはいない属性である。この属性も、不朽の記念碑として、また彫像に刻まれた人物の属性として、高揚した表現を与えられてきた。しかし、この語の意味とそれらを混同する危険を避けるために、ここでもまた、オックスフォード英語辞典のしっかりした記述に頼ることにしよう。

そこでは、「統合」(integrity) という語の構成要素に関する記述に3〜4インチに及ぶ段落を費やした後、最後に、この語の語根が“tact”(触覚) であるという驚くべき指摘がなされる。この要素から派生した語には、「触れ合い」(contact)、「手つかずの」(intact)、「触感の」(tactile)、「触知できる」(tangible)、「つなげる」(tack)、「触れる」(touch) 等がある。私たちは、自分の身体、自分自身の感覚を用いて、殿堂を建て、ものを作り、聖なるものや力強いものからのほのかな啓示と、天と地からの賢明なメッセージに応答するのである。我々が、住み、移動し、大地を共有するのは、この現実世《アクチュアリ》界《ティ》の中なのである。触れ合い《コンタクト》なしには成長はない。事実、触れ合いなしに生きることは不可能である。何者にも頼らない《インディペンデント》というのは誤った考えである。

「統合」をこのように理解することによって、口を開くことも身動きすることもない彫像に生命が吹き込まれる。もし、統合を、旗に刺繡され、しかるべき時に高く掲げられるような高尚な理想とのみ考えるならば、それは統合の価値を見損なうことになる。統合は、世界との触れ合い、ものとの触れ合い、なかんずく他者との触れ合いを促進する機能を持っている。それは、手ざわりでつかめる具体的な生き方であり、努力して達成する抽象的で高徳な目標というようなものではない。我々が「この人の仕事には統合性がある」という言い方をする時、我々は最大級の賛辞を贈っている。その仕事が、様々なものごとを結びつけて一つの具体的な形を描き出す力を持っていることを表わしているからである。それは、確固とした、確実なものであり、ふわふわとした摑みどころのないものではない。それは、目に見えるもの、耳に聞こえるもの、そして我々の全感覚を含むスキルの正しさと有効性を確証するものなのである。

統合というのは素晴らしく魅惑的な言葉である。それは奮闘努力して考え込んだり実行したりすることを要求するものではない。一日一日をより良く生きるために生活の細部に地道な注意を払いながら、大小の活動を日々こなしていくことを要求するものである。それは極めて単純で直接的なものであり、それ故に極めて難しいのである。

さて、我々が「統合」という言葉の持つ様々な含意をより包括的に理解できたとすれば、ライフサイクルの第八段階におけるそれは新たにどのように見えてくるのだろうか？　一つには、これまでは天上の星のような徳として輝いていたものが、我々の日常的な地上の生活の中にある極めて身近な要素として見えてくる。それは我々の存在を周囲の現実の世界との触れ合いへと広げていく。光を通して、音を通して、匂いを通して、そして全ての生きとし生けるものとの接触を通して。全ての人、全てのものが、これまで以上に、この上なく大切なものになる。一つ一つの出会いが特別な意味を持ち、心豊かにするものとなり、思いもよらぬ実り多い方向に我々を導いてくれる。

「英知」と「統合」という言葉の意味を、このように古い時代にさかのぼって考え直してみると、私は、我々の行動や態度を長い間束縛してきた重苦しい漠然とした責任感から解放される。老年期に関するこのような新しい解釈は、同時に、幸せに溢れた輝かしい過去、気分を浮き立たせる明るい過去という眺望を開いてくれる。そこでは、愛と献身と友情が花開く。悲しみは和らぎ、我々の心を豊かにするものとなる。様々な人との関係が心を深く温めるものとなる。「過去」は魅力豊かな記憶となる。そして、「現在」は、そのままで、とりとめもない愉悦と深い精神的な喜びと多くの笑いに溢れたものとなる。

「英知」と「統合」という語は、かつては、老人に重たい試練を課すものであるかのように見えたが、このように理解することによって、本来の意味を取り戻す。そこで求められているものは、あらゆる関係の中で、触覚《タクト》と視覚《ヴィジョン》を働かせながら生きていくのに必要な生き生きとした感性《アウェアネス》なのである。人はこの適応の過程に加わらなければならない。あらゆる英知と才覚《タクト》を振り絞って、できないことを明るくユーモアを持って受け容れなければならない。我々はみな若かりし頃の能力を当り前のものと考え、それを大いに楽しんできた。しかし、今は、真価を見極める鋭い感覚《タクト》と識別力を備えた者として、優れたパフォーマーたちに拍手を送ろうではないか。聞く力と見る力に恵まれたのだから、見つめることを続け、聴くことを続けようではないか。

これまでの経験の蓄えを生かしながら、若い頃とは異なる品位を持って、感性《アウェアネス》と創造性を維持することが、老年期に求められることである。多くの老人の中に、「不屈」とも言える何かがしばしば存在するが、エリックはそれを、過去と現在と未来の統合されたものという意味で、「不変的中核」「実存的アイデンティティ」と呼んできた。それは自己を超越し、世代間のつながりを強調する。それは、人間の条件（限界）を受け容れるという点で普遍的なものでもある。我々自身及び我々が住む惑星に関する英知を欠いているということはこの人間的限界の一つであるが、我々は自分がいかに無知であるかに気づいていなければならない。しかし我々は、賢明にも、嬉々として生き、愛し、素直に学ぼうとする「幼な子のようになる」ことはできる。ならば、これは何を含意しているのだろう？それは、「これまでの人生は豊かなものであった。子どものようにそれを信じなさい！」「力を抜いて、我を忘れて、遊び心豊かに生きなさい！」「遊び仲間がいたら、いつでも遊び、しばらく行っていない場所に笑い声を響かせて行きなさい！」ということであろうか。

英知と統合は、ライフサイクルの諸段階の全ての強さと同様、このように一生発達し続ける能動的なプロセスである。それは確実に前進し続ける。もしそうなら、それが多くの人に広がり、途切れることなく、永遠に続くことを、敢えて望む必要はないのかもしれないのだが……。

まえがき

本書は国立精神衛生研究所（NIMH）の求めに応じて『人生行路：人格発達の理解への精神分析学の貢献』（全三巻）に寄稿した小論に基づいている。S・I・グリーンスパンとG・H・ポロックを編者とする同書（1980）には、序論的な二つの章が設けられ、第一章はアンナ・フロイトが、第二章は私が執筆している。私の論文が五〇ページにも及ぶのに対して、彼女のそれは一〇ページと短いが、しかしきわめて簡潔明快な論述となっている。「(正常及び異常な）精神発達の研究としての児童分析」と題する彼女の論文は、ウイーンやベルリンやロンドンで行なわれた草創期の児童分析の仕事から述べ始め、その中で特に節を設けて、アンナ・フロイトやハンプステッド・クリニックのスタッフの考えた発達経路（Developmental Lines）という概念図式（A. Freud, 1963）の意義を要約してある。この「経路」とは、幼児的な未成熟性から「平均的な成人」に期待される信頼度の高い行動様式——もっともこの成人期の段階にも葛藤は存在するのだが——に至る流れを指すもので、例えば、「リビドー的依存から自己信頼へ」「自己中心性から同輩関係へ」「遊びから仕事へ」といった経路がそれにあたる。この発達図式が、概念としては心理・性的発達と自我という精神分析の二つの基本理論に基づいていることは言うまでもない。

一方、私の論文（1980(a)）は、心理・社会的発達に関する精神分析的理論の「諸要素」を概観しようとしたものである。私も彼女と同様に、いわゆる「外界」という概念が精神分析思想の中に徐々に浸透した過程を、まず私自身がウィーンで精神分析的訓練を受けていた最後の時期や、米国に移住した初期の時期にまで遡って辿り直してみた。そして、心理・性的アプローチと心理・社会的アプローチの相補性と、これら二つのアプローチと自我の概念との関連を強調した後に、アンナ・フロイトの発達経路に対応してライフサイクルの諸段階のレビューを行なったのである。

一人の人間が長い生涯の間に、しかも多様で豊かな文脈の中で発展させてきた理論的考察をここで長々と再述することは、著者にとっても読者にとっても無益と思えるかもしれない。しかしＮＩＭＨの寄稿依頼は歴史的意味に重点をおいていたので、そのような試みも意義あることだと私には思えた。なぜなら、今日見られるような精神分析の広がりは、まさに米国という場と、一九三〇年代から一九四〇年代という時期――精神分析はこの時期に世界的動乱の増大を背景にして学際的討論の中で精力的に取り上げられ、数あるメディカル・センターの中に迎え入れられたのだが――を得て、初めて生じえたのであるから。そして、事実このような学際的討論は、後に（ジョウン・エリクソンと私が「〝健康なパーソナリティ〟の成長と危機」（1950）と題する発表を行なった）「子どもと若者に関するミドセンチュリー・ホワイト・ハウス・カンファレンス」の中心テーマとなったのである。

こういうわけで私はNIMHに寄稿したものを必要な箇所に加筆して再刊することにした。主な変更はただひとつ、ライフサイクルの諸段階を（またもや！）レビューする際に、その提示の順序を変えたことだけである。NIMHの論文でも、心理・社会的諸段階の説明をいつものように幼児期から始めることをせずに、成人期から始めたのだが、その「意図」は、各々の人生段階全てを相互に交叉させ関連づけて考えることに習熟すれば、読者は任意の人生段階から出発して、それを他の全ての人生段階に意味深く関連づけながら考察を広げていくことができるようになるだろうということにあった。成人期は個々人のライフサイクルと世代継承的なそれとを繋ぐ連鎖であり、上述のような考察にふさわしいものでもあった。しかし本書ではこの考えをさらに進めて、人生の最終段階である老年期から出発し、完結したライフサイクルをもう一度振り返ってみることが、ライフサイクル全体の過程の理解にどれほど役立つかを考えたいと思う。

もっともどの段階から考え始めるにしても、このような心理・社会的な理論化において各々の人生段階が担う中心的役割を考えてみると、我々はどうしても歴史的相対性という問題に突き当たらざるを得ない。例えばここ数十年を振り返ってみても、老年期が「発見」されたのはごく最近のことであった（これには理論的な背景と歴史的な背景の両方がある）。つまり老人の数の増大によって、老人は、選《よ》りぬかれた一握りの長老（elders）という意味から、大量の年長者（elderlies）の群を現わすものへと変化し（老人自身もそう思い）、老年期の再定義が必要になったのである。その前には成人期の概念の変化があった。それまでは単にあらゆる発達の完成した到達点と見なされていたのが、成人期もまた（他の段階と同様に）種々の葛藤に満ちたひとつの独自の発達段階と見なされるに至ったのである（例えば、Benedek, 1959）。さらにその前には（六〇年代に入って、国家の同一性危機が一部の若者たちの公然たる社会的行動に劇的に反映されるようになってから）、我々はライフサイクルの発達的力動の中核を成すものとして青年期の同一性危機に大きな関心を払い始めたのである（Erikson, 1959）。そして、すでに指摘されているように、今世紀に入ってようやく発見された乳幼児期の全発達段階と児童の「健康なパーソナリティ」が真に国民的関心の焦点になったのは、今世紀半ばを過ぎてからであった。

ところで、本書を読み進む際に読者は――もちろん読者も一人ひとり独自の生活史的な時空の中にいるわけだが――生きている間にライフサイクルを「完結」させようとする我々の試みを概観できるかのような期待を抱くかもしれない。しかし私は読者に、「ライフサイクル、その完結」という本書の標題を充分にアイロニカルなものとして受け取り、ひとつの完璧な生涯に関する包括的記述が見出されるだろうなどと受け取らないことを希望する。この標題の意味するところは、我々が人生を一つのサイクルとして考えるからには、なんらかの自己完結をすでに前提としている、という事実を単に確認するだけのことなのであるから。もっとも、我々がこのライフサイクルの完結という問題を或る時点でどう考えるかは、我々が携わる研究分野がどの程度の理論的な発達段階にあるか、また、我々自身及び我々の同胞にとって、その時点で、人生のいかなる時期が大きな意味をもっているか、によって左右されることは言うまでもない。今日我々が用いる用語や概念は、この意味で、あまりにも時代的な制約を受けているのだろうか？　あるいは年齢的な制約を受けているのだろうか？　そしてもしこれらの変化が時代の変化を反映するものとすれば、今日我々が用いる諸用語は、最初の本来の意味と用語相互の意味連関をどのように保持し続けられるのだろうか？

私自身がここでできることは、我々の用語が我々の頭に〝思い浮かんだ〟当時のままに、つまり暗示的ではあるが明確な秩序を持った複雑性を帯びて思い浮かんだ当時のままに、再述することである。もっとも他ならぬこの複雑性がすぐさま誤解を招き、それが今でも続いているのであるが。これらの諸用語の再述を読んでいく際に、読者のなかには、この（長ったらしい）文章は〝どこか〟ですでに読んだことがあるという思いをそここで抱く方も必ずおられるだろう。恐らくどこかで読んだことがあるにちがいない。というのも本書の中では、すでに的確にフォーミュレイトされていると思えるものは、あらためて言いかえることはしないほうがよいと考えた箇所がいくつもあるからである。

このようなわけで私の謝辞もまたここ数十年の時の流れにそって述べていこう。私がこれまで共同研究者たちから何を学んできたかを示すには、幾つかの医学校で精神分析治療を行なったりその適用に参画するかたわら、私が関わりをもつ名誉を与えられた研究機関の名前をあげることがいちばんよいだろう。一九三〇年代、私はハーバード心理クリニックとイェール人間関係研究所に関係した。四〇年代には、カリフォルニア大学バークレー分校の人間発達研究所におけるガイダンス研究に関わった。五〇年代にはバークシャーのオースティン・リッグズ・センター（入院施設）に関わりをもった。各々独自の革新的気風をもつこれらの機関との共同研究によって、様々な年齢集団の人たちに関する臨床的または発達的な研究に携わることができた。それらは未だなお忘れがたいことである。そして六〇年代には、ハーバード大学において「人間のライフサイクル」という授業（学部学生対象）を行なったが、ここでは、歴史や人生に強烈な関心を抱く多くの活発な学生たちと一緒に、この発展途上にあるシェーマを考えることができた。

長年にわたって特に厚い援助を差しのべてくれた方のうち、何人かの名前は本文中に記したが、ここで彼ら（及び名前をあげていない他の方々）〝すべて〟の名前を挙げて感謝の意を表することは、不可能なことであろう。[3]

今までも私の著書の序文ではいつもしてきたように、ここでもジョウン・エリクソンへの感謝の言葉で謝辞を締め括りたい。（すでに述べた）ミドセンチュリー・ホワイトハウス・カンファレンスで彼女と共同発表を行なった際、私にはっきり分かったことは、彼女の〝編集者的〟な援助は、単に私の文章を読みやすくすることにとどまらず、ここで概観するライフサイクルのイメージャリー全体そのものに、生命を吹きこんできたものであった、ということであった（J. Erikson, 1950, 1976）。

目次

一　序論

「外界」に関する歴史的覚書

精神分析の流れのなかに「心理・社会的」(psychosocial) という用語と概念が現われたのは、言うまでもなく、それまで支配的であった心理・性的 (psychosexual) な理論を補完する意味をもっていた。このような補完的努力がいかにして芽生えてきたのか、その道筋を明らかにするためには、私がウィーンで精神分析家としての訓練を受けていた時期――自我心理学の勃興期にあたる――に立ち帰り、自我と社会的環境の関係に関する概念化の変化の跡を簡単に辿りなおしてみるのがよいだろう。アンナ・フロイトの『自我と防衛機制』とH・ハルトマンの『自我心理学と適応の問題』という、自我に関する二つの基本的著作が世に出たのは、各々一九三六年と一九三九年であるが、しかしこれらの著作の土台となる観察や結論は、私が精神分析の訓練を終えて米国に移住した時期（一九三三年）以前からすでに分析家たちの討論の主要テーマとなっていた。そしてほどなく、自我の有する防衛的機能と適応的機能という概念は、精神分析理論の揺るぎがたい部分を形成するに至ったのである。しかしひとりの若い分析家の目には、精神分析理論全体が、個人性（individuality）と共同性（communality）との密接な関係に対して自我が果たす役割に組織的関心を寄せる方向に向かいながら、それを中途で放棄してしまったように思えた。私がここで敢えてこれらの概念の起源に遡ってみる理由は、どうしてその探求が中途で放棄されてしまったのかを示すことにある。

この分野の進展を特徴づける秘められた理論闘争の中で、今から考えると最も興味深く最も象徴的なものは、A・フロイトとH・ハルトマンが各々独自の概念を明確化し始めた時に、両者の考えの間に最初からあった不一致であった。A・フロイトは自我の防衛的機能に関する独自の見解を一九三六年ウイーン協会で初めて発表した時、すでにそこで、例の歯に衣着せぬ調子で次のように述べている。「ハルトマンという人は物事の本質がおおむねよく見える人なのだが、しかし彼は、イドと戦闘状態にある自我の姿を示すだけでは不十分で、自我の成長や自我の機能発揮といった他の多くの問題も考えねばならない、という点を強調した。当時の私の見解はもっと限定的なものだったので、彼の指摘は私にとって耳新しく、とても消化できぬものだった」。「というのは」と彼女は続ける。彼女の考えは「衝動に対する自我の防衛活動という視点から」出てきたものだが、「ハルトマンの考えは、自我の自律性という、それまでの分析研究の枠外にあった新しい観点から、革命的な形で出てきたものだったからである。」(Loewenstein et al, 1966)。

この「分析研究の枠外」という言葉は、「革命的」という言葉とともに、精神分析理論が、発展の様々な時点で自らにいかなる枠（境界）を与えてきたかという問題を提起している。この問題を正確に理解するためには、精神分析理論におけるひとつひとつの進歩及び（それに対応する）ひとつひとつの用語が、いかなる科学的意味をもつかを考えるだけでなく、それがいかなるイデオロギー的な意味を担っているかを考えねばならない――もちろんそれは精神分析だけでなく、自然科学的理論を人間に適用する全ての分野に言えることなのだが。フロイトのそもそもの立脚点は、言うまでもなく、衝動（drive）指向的であった。しかし中部ヨーロッパで教育訓練を受けた私の世代の人間は、あらゆる精神分析用語の中で最も基本的なこの Trieb という言葉が、ドイツ語の用法では、人間を攪乱させる力を意味するとともに人間を気高くする力をも意味するという、多様な自然哲学的含意をはらむ言葉であったことを想起せざるをえない。「本能」（instinct）とか「衝動」（drive）と翻訳されることによって、（良い意味でも悪い意味でも）この言葉本来の意味が失われてしまったのである。例えばドイツの詩人が「die suessen Triebe」（the sweet drives）という用法で Trieb という言葉を用いているときに、一方で厳格な生理学者たちは、科学の名に値する研究ならば全て、明確に分離され数量化された自然科学分野の力と「等しい純度をもつ力」を見出さねばならぬ、と主張していたのである（Jones, 1953）。確かにフロイト自身も「現在我々がとりあえず心理学的に解釈している一切のものは、いずれは生理学的過程という下部構造の上に基礎づけられることになるだろう」（1914）と述べているが、しかし彼は同時に、極めて包括的な（確かに当時は神秘的でさえもあった）本能エネルギーなる概念が、いつの日にか、真に信頼しうる方法で実験的に実証される時を喜んで待つということも明らかにしているのである。身体表面のトナス（tonus）に測定可能なリビドーの痕跡を見出そうとした、ライヒの「唯物論的」な試みに彼が異議を唱えたのも、このような文脈においてである。

フロイトの研究が始まったのは、種の進化論的起源を探究したダーウィンの世紀であった。新たに勃興したヒューマニスト的エトスは、それまで文明的成熟の証として意識性と倫理性の高さを誇ってきた人類が、その根源的ルーツを、動物の祖先の中に、太古の有史前の己の姿の中に、そして個体発生の発達初期の中に見出さざるを得なくなるだろうと主張していた。このエトスはひとたび本能的エネルギーという用語法の中に浸透するや、この概念の厳密な科学的実証が将来実現するだろうという揺るぎない希望をもたらすというよりは、それが当然実現するという一種の儀式主義的信念を長年にわたってもたらしてきたのである。もっともこのエネルギー論的な思考形態が、当時にあっては夢想だにしえなかったような――それとも夢想ぐらいはできていたであろうか――様々な洞察を生み出したことも確かなのであるが。しかしながら、フロイトがこのような方向に思索を展開した目的はどこにあったかというと、（最近公刊されたフロイトとユングの往復書簡が劇的に示しているように）、彼が「イド」と呼んだ人間の無意識的・本能的な核心（「内なる外界」とでも言うべきもの）を丹念に研究することによって、己の「低級」な本性に関する洞察に頑強に抵抗する人間の傾向、及びそれらの洞察を「高級」なものとして再神話化することでその洞察がもつ力を無効化せんとする人間の傾向に、乗ずる隙を与えないことが絶対に必要だという彼の信念にあった。この、まず探究すべき内なる大釜が存在する故に、社会的な現実は、いわば最初は研究の枠の外とも言うべき位置に置かれ、単なる「外界」あるいは「外的現実」として処理されたのも自然の成りゆきであったと言えよう。かくして我々の誇り高い自我――フロイトはこれを「境界に住まうもの」(frontier creature) と呼んだが――は「三人の主人に仕え、その結果三様の危険に脅かされることになる。すなわち、外界からの脅威、イドのリビドーからの脅威、そして超自我の厳格さからくる脅威である」。(S. Freud, 1923)

自我と集団生活との関係について初めて論じた際にフロイト (1921) は、「人為的」な集団の形成、つまりモッブや群集や単なる群衆《マス》や、フロイトが「一次的」かつ「原始的」な集団と呼んだものに関する当時の社会学者（例えば、ル・ボン、マクドゥガル）の研究に言及している。彼はそこで「心理的集団としての特性を獲得した人々の集合に、成熟した個人が巻き込まれていくこと」（傍点筆者）に焦点をあて、そのような集団がいかにして「これら個人に無意識的抑圧をかなぐり捨てる」ことを可能ならしめるのかを、先見の明をもって考察している。しかし当時のフロイトは、これら成熟した個人が「この原始的な集団の外にいる時に所有していた」もの、つまり「彼独自の連続性、彼の自己-意識、彼の伝統、彼の習慣、彼独自の役割や位置」をいかに獲得したのか、という基本的問題を取りあげることはなかった。（教会や軍隊といった）「人為的」集団を分析する際のフロイトの主要な目的は、この種の集団が、(本来の生物学的目的から社会的愛着の形成に転換された)「愛情本能」――「もっとも、その転換のためにエネルギーが減ずることはないのだが」――によって結びつけられていることを示すことにあった。この最後の仮説は、心理・社会的発達を考える際に我々の関心を引くものである。一体どのような法則性をもって「愛情は性的目的から社会的目的へと……転換され」うるのであろうか？　しかもエネルギーの損失なく転換されうるのだろうか？

アンナ・フロイトもまた、自我の防衛機構の要約をした際に、他のところでは正当に評価していた社会的諸力の存在を、再び単純に「外界」に帰せしめてしまう。「自我は防衛機構を用いて、不安の発生を食止め、いかに困難な状況にあっても或る程度の満足が得られるように本能を転換せしめ、それによってイドと超自我と外界の諸力の間に調和の取れた関係を確立しえたとき、勝利者となる」(A. Freud, 1936) というのである。後の著作においてこの考え方は、「いかなる場合でも……子どもは、依存的な態度、非合理的な態度、イドと対象に規定された態度から次第に脱却し、内界及び外界に対する自我の支配力が増大する方向に向かう」という、発達経路の概念化の中に受け継がれる (A. Freud, 1965)。しかし「特殊な発達を促した個々の経路を決定したものは何か」を考える時には、「我々は環境からの偶然の影響に注意を向けなければならない」と彼女は示唆する。「年長児の分析や、成人患者の分析から再構成したものをもとに考えると、これらの影響力は、両親のパーソナリティ、彼らの行動や理想、家族の雰囲気、文化的環境のインパクト全体等に由来すると見ることができる」というのである。もっともこれらの環境の影響力のうち、どれがより「偶然」で、どれがより「偶然」でないのかについては何も述べられていないのであるが。

これに対してハルトマンは、人間の自我は単にイドに対する防衛として進化したものでは決してなく、それ独自の独立したルーツをもっていると積極的に主張する。彼は、運動、知覚、記憶といった人間の心の古典的機能を「一次的自律性を持つ自我装置」と呼び、これらの能力は、彼が「普通に考えられる平均的な環境」(average expectable environment) と呼ぶものに常に適応した状態にあると考えた。ラパポートが述べたように、「これらの概念によって（彼は）適応に関する精神分析的な概念と理論の基礎を築き、精神分析的自我心理学における、現実関係 (reality relations) に関する最初の包括的理論の輪郭を描いたのである」(Rapaport in Erikson 1959)。しかしラパポートが同時に述べたように「(彼は) 精細かつ具体的な心理・社会的理論を提示したわけではない」。例えば「普通に考えられる平均的な環境」なる概念は、単なる生存を可能にする最低限の諸条件だけを仮定しているかに見えるが、しかしそれは、劇的な葛藤の源泉となるだけでなく、個人及び共同体の活力の源泉ともなる、社会生活の膨大な複雑性と多様性を無視しているとも言えよう。事実、この分野の発展過程の各々の段階で、いかなる定義がなされてきたかについて簡単な例をひくと、ハルトマンの著作では、「現実を顧慮した行為」(acting in regard to reality) とか、「現実に向き合った行為」(acting vis-a-vis reality) (1947) とか「外界における行為」(acting in the outer world) (1956) といった用語が単に用いられ続けるだけなのである。

精神分析理論における機械論的かつ物理学的な用語法は、「外界」に関する一貫した言及とともに、精神分析家としての訓練を受け始めた頃の私を大きく戸惑わせた。この戸惑いは、具体的な事例を扱う臨床セミナー（特にアンナ・フロイトの「児童セミナー」）を支配する雰囲気と照らし合わせてみると、特に大きかった。なぜならセミナー自体の雰囲気は、個人の内的な問題とともに社会的な問題にも新たな観点から活発な検討を加え、精神分析訓練の本質を最も優れた意味で特徴づける精神によって活気づけられていたからである。フロイトはかつてロマン・ロランへの書簡で、「我々の持って生まれた本能や我々を囲む世界がどのようなものであっても、技術に劣らず愛が人類の生存に不可欠であると見なさざるをえないでしょう」（1926）と述べているが、我々訓練生もまた、臨床的討論の中では、実際に、現代的な意味の隣人愛（caritas）を経験していたのだった。つまり、人間は全て原則的には同一の葛藤にさらされているという点で平等であり、それ故に精神分析の「技法」は、分析家自身に対しても、治療状況に不可避的に「転移」せざるをえない彼の個人的な葛藤への洞察を厳しく要求する――同時にこの転移から意義深い示唆を得られるのでもあるが――という意味での隣人愛である。

私が新たな共同的な精神《コミュナル・スピリット》の核心を描写するために現在用いている概念や用語の幾つかは、訓練生時代にそこで耳にした概念や用語でもあった。つまり、事例の提示と討論の際に見られる（個人の内面への）集中と（社会的文脈への）広がりは、理論的論述の枠組を提供する伝統的な用語法とは際立った対照を成していた。つまり臨床的な用語と理論的な用語は、訓練生としての経験の中では相互補完的なものになっていたにもかかわらず、人間の動機づけに関する二つの異なる態度を表わしているように見えたのである。

さらに、成人の治療から、幼児期の明確かつ運命的な発達段階の理論が導き出され、またそこから、発達初期のパターンによって後のライフサイクル全体を予測しうるという発達仮説が導き出されるに及んで、子どもを精神分析的に直接観察し治療することが重要な意味を持ってきた。そしてこの種の研究・治療の討論の中で、精神分析の発達のエトスが明瞭に姿を現わしてきた。というのは、精神分析の病跡的仮説が妥当であることを示すきざしを子どもたちが見せるときでも、その時の彼らの遊び心溢れる率直な表現の直截性は、大人の予想をはるかに超えるものだったからである。それらは、子どもの強烈な葛藤を表わすとともに、経験と統合を求める、才能と創意に富む試みをもはっきりと表わしていた。「進歩的教育」に深く関わる精神分析家たちの集まる、小児患者に関するセミナーでは、自然科学的理論の還元主義的用語は影をひそめ、それに代わって、患者と重要な他者との相互の関わり合いを生き生きと描き出す無数のディテールが前面に出てきた。一個人の内的な衝動と防衛の「経済」に代わって、例えば家族のような一つの共同体単位の内部における相互活性化の生態学《エコロジー》が、将来の研究課題として浮び上がってきた。これは、若者に関する二人の指導的な研究者、ジークフリート・ベルンフェルトとアウグスト・アイヒホルンの観察報告に特に顕著であった。ちなみに、私が二人に最初に出会ったのは、前者は優れた客員講師として、後者は非行少年個々人に関する極めて共感的かつ地に足の付いたディスカッサントとしてであった。

われわれの訓練生時代を特色づけていた、このような理論的アプローチと臨床的アプローチとの基本的相違は、エネルギー経済という前世紀を支配した考え方と、相補性と相対性という今世紀のそれとの相違を表わすものであったと、現在の私ははっきり認識できる。しかし当時は自分が何を指向しているのかほとんど何も意識せずに、私は最初の著作の最初の章に「事例史における関連性《レレバンス》と相対性」(1951, 1963) というタイトルを付したのであった。私がそこで述べたものが何であれ、またそこで述べた思考がいかに類推論的であれ、ともかく私は、精神分析の基本を成す臨床的態度は、多様な相対性の認識に基づく経験だと考えるようになった——そして、この論文で明らかにしたいところはまさにここなのである。

もっとも、ウイーンでの分析訓練には、このような臨床的アプローチにも理論的アプローチにも帰すことの出来ない第三の要素があった。それは、形と意味との豊かな相互作用に対して、開かれた、形態的《コンフィギュレイショナル》(1)な関心を払うことによって得られる、(審美的としか形容しようのない) 喜びであった。そのモデルは、何よりもまず、フロイトの「夢解釈」にあった。この関心の向け方は、子どもの遊び行動にも容易に適用でき、またそれによって、子どもの遊び行動が何を否認し歪曲しているかだけでなく、その顕在的表現の（しばしばユーモア溢れる）巧みさそのものにも同等の関心を払うことが可能になった。それなしには、象徴的で、儀式化された、まさに儀式的とも言うべき行動のパターンを理解することは不可能であったろうし、またそれなしには、それまで言語的コミュニケーションよりも視覚的コミュニケーションの中で訓練されてきた私が、その種の圧倒的なデータに「自然」に近づくことはできなかったろう。（ちなみに、ウイーンにおける私の最初の分析的論文の一つは子どもの絵本に関するもの（1931）であり、渡米後の最初の論文は「遊びにおける形態《コンフィギュレイション》」（1937）であった）。私がこのことを繰り返し語るのは、私にとっては未だなおこれらの要素が精神分析という芸術‐科学（art-and-science）の根幹を成すものであり、「実証」という目的のために、実験的・統計的研究——それ自体としてはいかに示唆に富み研究者に満足をもたらすにせよ——に取って代わられることのできないものであると考えるからである。

さてこの辺で次の重要な事実に触れておいてもよいだろう。我々が人間の内的生活の現われをこのように観察できるようになった歴史的時点は、まさに歴史上最も破局的な時代に向かいつつある時点でもあったということ、そして、「内界」と「外界」とのこのような理念《イデオロギー》的分割は、ユダヤ‐キリスト教文明に根ざす個人主義的啓蒙と、民族主義国家への全体主義的な崇拝との間の険悪な分裂を深く内包していたとも言えることである。このような事態は、今まで述べてきたような研究に携わる何人かの人間の生命をさえ脅かしかねないものとなった。しかし彼らの研究努力は（引用文献の発行年月が示すように）むしろこの時期に倍加したのである。それはあたかも、癒すことと蒙を啓くことへの時代を超えた探究に対する揺るぎない献身が、そのような時代にこそ一層切実に求められたかのようであった。

一方この頃、大西洋を挟んだ対岸の米国では、ウイーンの自我心理学の発展過程で慎重にしかし明確に準備された社会的観点からの探究という方向を、私のような若い分析家でさえ即座に継承し発展させうる状況にあった。我々は学際的研究への参加を熱心に勧誘され、新しい「学派」のみならず新しい精神分析研究所のパイオニア精神を共有することになった。ハーバードには、精神医学的ソーシャル・ワークの勃興に活気づけられた、誰をも暖かく迎え入れる医学的環境があった。そこではまた、ヘンリー・A・マレーが事例史ではなく生活史を研究していた。一方、（ローレンス・K・フランクやマーガレッド・ミードらの広範な影響を受けた）様々な学際的研究会では、医学的研究と社会科学的研究の間の敷居が取り払われ、自由な意見の交換がなされ、両者が相互補完的であることがまもなく明らかになった。また、たまたま『自我と防衛機制』（A. Freud, 1936）がウイーンで出版された年に、私は文化人類学者のスカダー・メキールに同行して、サウス・ダコタのパイン・リッジにあるスー・インディアンの特別保留地に行くことを許され、精神分析的な心理・社会的理論の礎石を成す観察を行なうことができた。アメリカ・インディアンとの初めての接触で最も驚いたことの一つは、彼らが昔から行なっている子どもの養育法に彼ら自身が付与する理論的根拠と、同一のデータを精神分析的推論によって相互に関連づけ意味づけた結果との一致であった。その種の集団における子どものしつけ《トレーニング》は、経験を体制化するその集団独自の基本的方法（これをグループ・エトスと我々は呼ぶようになったが）を、乳幼児の初期の身体経験に伝え、さらにその身体経験を通して、芽生え始めた乳幼児の自我に伝える方法であると、我々はまもなく結論するに至ったのである。

大平原に住むこの狩猟民族の伝統的な児童‐訓練《トレーニング》システムと、後に調査したカリフォルニアの漁撈民族のそれを比較文化的に再構成することは、スピッツが「子どもの発達的レディネスと、或る共同体が子どもに準備する母性的ケアーのパターンとの間の『対話』」と呼んだもの、つまり、「種族‐特有《スペシフィック》の適応の起源と源泉」（Spitz, 1963, p.174）に大きな光を投げかけた。我々はまたそこから、児童訓練の様式は、個人のライフサイクルの内的経済に重要な意味を持つだけでなく、技術的並びに歴史的な条件の変化にさらされながら、一つの共同体が生態学的な平衡を維持するためにも重要な意味を持つことに気がついたのである。

このような意味で、我々があの大虐殺について徐々に知り得たことや、我々が第二次世界大戦で自ら経験したことをもとに、人類史上最も進歩し文明化したと見えた人間の中に存在した最も破滅的な破壊傾向についての、新たな政治心理学的解明が将来できるのではないかと、当時、慰めではなく、心の引き締まる励ましとして感じたのであった。

もっとも本書で取りあげる主題は、心理・社会的理論の展開を、それが精神分析理論全体の中にいかなる起源を持ち、かつ分析理論全体にいかなる意味を持ったかという、主に二つの観点から明確化することに限定されている。そもそもリビドー・エネルギーの巨大な供給源である前性器期性は、個人のライフサイクルの病んだ生態《エコロジー》の中ではいかなる機能を果たしているのだろうか？　個人のライフサイクルの健康な生態《エコロジー》の中ではいかなる機能を果たしているのか？　そして世代のサイクルの中ではいかなる機能を果たしているのか？　前性器期性は性器期性のためにのみあるのか？　また自我の統合は個人のためにのみあるのか？

これから述べることは、私の諸著作ですでに触れた多種多様な臨床的観察と臨床的経験、及びそれを「応用」したものに基づいている。また、すでに指摘したように本書ではいちいち引用符をつけることをせずに済ませたいと思う。さらに、これから述べることの全て（あるいはほとんど）は私自身がすでに述べてきたことなので、それを言葉を替えて説明したり、あるいは随所でそのまま引用したりすることになるだろう。

同時に、ここ数十年の間、私と類似の見解あるいはそれとは反対の見解を、精神分析学の中で、心理・社会的観点を表わすものと主張することなく表明してきた人たちの考えに、私自身の考え全体を関連づけて述べていくことも不可能だろう。ＮＩＭＨの招待ということで、このような怠慢を許していただきたいと思う。

二　心理・性的なるものと世代のサイクル

漸成と前性器期性

「心理‐性的」及び「心理‐社会的」という合成語は、言うまでもなく、方法論的にも理念的にも別個の領域として確立された二つの領域の境界を取り払い、両者の相互乗り入れを意図したものである。もっともこのような異なる領域に橋を架けようとする努力も、既成の技術で処理できるものをものごとの真のあり方と誤解してしまう人間の傾向に打ち勝つことは極めて少ないのだが、しかし幸いなことに治療という営みは、既成の事実を相手に議論するのではなく、それらの事実を、新しい視野を切り開くようなより広い文脈の中に包括して把えようとする全体論的態度を常に要求するのである。

そこで、これまでの事例史及び生活史に関する経験をもとに、人間の実存は相互に補完しあう三つの体制化《オーガニゼイション》過程に依拠しているという仮定から話を始めよう。三つの体制化過程とは、順序はどうでもいいのだが、身体を構成する器官系を階層的に体制化する生物学的過程（soma）、自我統合によって個人的経験を体制化する精神的過程（psyche）、個々人の相互依存性を文化的に体制化する共同的過程（ethos）の三つである。

これらの過程には各々独自の専門的に分化した研究方法があり、またそれらの研究方法は自然及び人間に関する一定の基本要素を分離して研究するために、事実上相互に独立したものになっている。しかし最終的には、三つのアプローチ全てが、人間的事象そのものを明確化するためには必要となってくる。

もちろん実際の臨床場面では、これらの諸過程が破綻し分裂し、例えば身体的な緊張として、あるいは個人の中の不安として、あるいはまた社会的なパニックとして、各々別個の方法で研究しうる特別の事態もしばしばある。しかし臨床的研究が極めて啓発的である所以は、人間の行動を一つの過程から追及していくと、いつのまにか必ず他の過程の中に踏み込んでしまうことにある。或る過程の中で重要性をもつ事象が、他の過程の中の事象に意味を与え、同時に他の過程の中の事象から意味を与えられていることに気がつくからである。例えばフロイトが彼の時代の神経症に関する臨床研究と、彼の時代の支配的な科学的概念に沿って行なった理論化の中で、強大な性的エネルギー（エロス）の存在という仮説を提示したとき、彼は、それまで人間の意識が否認し、当時の支配的道徳が抑圧し、当時の科学が無視していた性的エネルギーの存在を主張したという意味で、人間の動機づけに関する全く新しい接近を提起したのである。また、彼の時代の、性的なものに対する抑圧の強さ――それは当時の圧倒的な文化的禁圧によってさらに強化されていたが——の故に、彼の性的エネルギーの理論には、最初は衝撃と恐慌という反応が、そしてしばらくしてからは開放の輝きなる意味が与えられていったのであった。もっとも、事例史や生活史や歴史的事象を丹念に探っていけば、必ずこの仮説的エネルギーと、他の諸過程から供与される（あるいは供与を差し控えられる）エネルギーとの相互作用を考えざるをえなくなるのであり、フロイト自身の夢報告や事例報告にも、このような生態学的考察を指し示すデータがいたるところに含まれているのである。

我々の研究の中で、心理・性的並びに心理・社会的な発達を身体的に基礎づけるものとして必要不可欠となった有機体的原理は、漸成（epigenesis）である。この用語は発生学から借りたものであるが、この概念の現在の地位がいかなるものであれ、我々の研究の初期にあっては、それが有機体の成長と深く関わる人間の現象を支配する相対性の理解を促進したのであった。

フロイトが幼児性欲を認めた頃、当時の性科学の発展段階は中世の発生学のそれとほぼ同じ段階にあった。かつて発生学が、極めて小さいが完全に人間の形をした「小人」が男性の精液の中に準備され、それが女性の子宮の中に送り込まれ、そこで大きくなり、やがて誕生すると考えていたちょうどその頃、フロイト以前の性科学は、性欲は乳幼児期の準備段階なしに思春期になって初めて出現し発達するものと考えていた。しかしやがて発生学が漸成的発達、つまり胎児の身体諸器官が一歩一歩段階を踏んで成長することを理解するに至った頃、精神分析はちょうど性的発達に前性器期の諸段階があることを発見したのである。性科学や精神分析の発展段階が発生学のそれに一歩ずつ遅れながら進んでいったことが分るだろう。

私がこれから器官系の漸成に関する発生学者の発言を引用していく時、読者は、あらゆる成長と発達は類似のパターンをたどるという可能性に注意を向けておいていただきたい。漸成的発達の流れの中では、各器官に各々固有の発生時期があるが、この時間的因子はその器官の発生場所と同程度に重要な因子である。例えば目が一定の時期に発生しないと、「目が完全な形で現われることは不可能になる。なぜなら、他の部位が急激に成長する時期が到来してしまうからである。」(Stockard, 1931)。しかし或る器官が適切な時期に発生し始めた場合でも、さらにもうひとつの時間的因子がその器官の発達にとって最も決定的《クリティカル》(2)な時期を規定している。「一つの器官の発達が初期に中断されなければ、その器官の発達が完全に抑制されたり大幅な変形を被ったりすることはない」(Stockard, 1931)が、しかしその器官が優先的に発達する時期を失すると、その器官は一つの存在としての不具を運命づけられるばかりか、同時に諸器官全体のハイエラーキーをも危険にさらすことになるというのである。「急速に芽生え始めた部位の発達の停滞は……その部位の発達を一時的に抑制するだけではない。他の諸器官に対する優位性を失う時期が早すぎると、その抑制された部位が再び優位を占めることは不可能になり、その結果永久に変形したままになる」。正常な発達をすれば、結果として、全ての身体器官の大きさと機能の調和のとれた関係が生まれる。例えば、肝臓の大きさは胃や腸の大きさに適合しており、心臓と肺臓は適切なバランスを保ち、脈管系の容量は身体全体と正確な釣り合いがとれているのである。

発生学もまた、「発育過剰による奇形」（monstra in excessu）や「発育不全による奇形」（monstra in defectu）を惹起する発達上のアクシデントから、正常な発達について多くのことを学んできた。ちょうどフロイトが、「過剰」としての倒錯や「不全」としての抑圧といった、性器期性の歪みを表わす症状の臨床的観察から、正常な幼児に見られる前性器期性の法則を認識するに至ったのと同様である。

ところで、成長過程にある有機体は、（児童の発達の文献に記述されているような）予定の法則通りに成長し、かつ身体的・認知的・社会的能力を定められた順序に従って発達させることによって、誕生以後どのように開花していくのであろうか？

ここで我々が最初に認識しておくべき最も重要なことは、次のことであろう。健康な子どもは、適切な導きを得れば、意味ある諸経験の継列の中で、漸成的な発達法則に沿った発達を順調に遂げていくと信頼して差し支えないこと、またこれらの発達法則は、次第に数を増す他者や彼らを支配する社会的慣習との間に意味ある相互作用を成し遂げる潜勢力を、子どもの中に次々と生み出していくものだということである。この種の相互作用は文化によって大きく異なるが、しかしあらゆる文化は或る本質的な「適切な速度」と「適切な順序」を保証しなければならない。この適切性はハルトマン（1939）が「普通に考えられる平均的な」と呼んだもの、つまり、パーソナリティや文化のパターン

	部位 1	部位 2	部位 3
段階Ⅲ	1Ⅲ	2Ⅲ	3Ⅲ
段階Ⅱ	1Ⅱ	2Ⅱ	3Ⅱ
段階Ⅰ	1Ⅰ	2Ⅰ	3Ⅰ

がいかに異なろうと、全ての人間にとって必要かつ習得可能なものに対応する。

漸成は、したがって、単なる継起を意味するものでは決してない。それは、成長しつつある諸部位相互の基本的関係に関わる一定の法則をも規定している。上の図はこれを図式化したものである。

斜め上に上がっていく対角線上の太線の四角は、発達段階（Ⅰ、Ⅱ、Ⅲ）の継列と構成部位（1、2、3）の発達の両方を表わしている。換言すれば、この図は諸部位の分化の進行を時間の流れに沿って図式化したものである。この図が示すところは次のことである。各々の部位（例えば2Ⅰ）は、その部位の発達の決定的かつ臨界的な時期（2Ⅱ）が正規に到来する以前にも何らかの形で存在し（対角線の下）、他の全ての部位（1と3）と組織的な関係を保持している。つまり全体の統一と調和は、各部位が適切な継列で適切な発達を遂げることによって保たれるのである。また、ひとつの部分が優先的に充全な発達を成し遂げ、その（対角線上の）段階で永続的解決を見出した場合でも、そこで発達が終るわけではなく、他の部位が優先的に発達する次の時期（3Ⅲ）においても、更なる発達を遂げ（2Ⅲ）、何よりもまずそれによって、全体の統一と調和（1Ⅲ、2Ⅲ、3Ⅲ）の形成に寄与しなければならない。それでは次に、このようなシェーマが前性器期性に、そして（後には）心理・社会的発達にいかなる意味を持ちうるのかを考えていこう。

前性器期性という概念は精神分析の文献の至る所に見られる概念なので、ここでは精神分析的な発達理論の基礎を成す本質的な部分だけをまとめておこう。性的なるものは思春期になって初めて性器統裁下に入るので、それ以前の子どもの性愛的経験は前性器的と呼ばれる。幼児期における性的発達には三つの段階があり、各段階は、有機体の重要な部位の強烈なリビドー化によって特徴づけられる。それ故に各段階は、通常「口唇期」「肛門期」「男根期」と呼ばれている。人間の性がその後にたどる運命に、これらの強烈なリビドー供給がいかに広範囲な影響を与えるかは、無数の例によって示されてきた。例えば、（いわゆる「前戯」として残る）様々な前性器期的快感の遊戯的享受、この種のリビドー供給のひとつが性器統裁を覆すほど強固に残存した場合の性的倒錯、なかんずく、強烈な前性器期的欲求への過度な抑圧に由来する神経症等がそれである。言うまでもなく、これら三つの段階は漸成的に連結している。例えば、肛門期性（2I）は口唇期（I）にも存在し、肛門期（2II）に正規の臨界期《クライシス》を通過した後、「男根」期（III）にも一定の役割を果たさねばならない。

さてこれら全てをそのまま認めたとしても、なお次の疑問が残っている。この前性器期性は人間の長期化した幼児期そのものの一つの表われでもあるが、しかしそれは性愛の発達のためにのみ存在し、性愛の発達のためという意味しか持たないのであろうか？

心理・生理学的観点から見れば、これらの「性感帯」と、それらがリビドー化される諸段階は、生存に必要な他の多様な側面の発達にも中心的意味を持つことは明らかである。まず第一に、口唇、肛

図式 1

発達段階	A 心理・性的な段階と様式	B 心理・社会的危機	C 重要な関係の範囲	D 基本的強さ	E 中核的病理 基本的な不協和傾向	F 関連する社会秩序の原理	G 統合的儀式化	H 儀式主義
Ⅰ 乳児期	口唇－呼吸器的，感覚－筋肉運動的（取り入れ的）	基本的信頼 対 基本的不信	母親的人物	希　望	引きこもり	宇宙的秩序	ヌミノース的	偶像崇拝
Ⅱ 幼児期初期	肛門－尿道的，筋肉的（把持－排泄的）	自律性 対 恥，疑惑	親的人物	意　志	強　迫	「法と秩序」	分別的（裁判的）	法律至上主義
Ⅲ 遊戯期	幼児－性器的，移動的（侵入的，包含的）	自主性 対 罪悪感	基本家族	目　的	制　止	理想の原型	演劇的	道徳主義
Ⅳ 学童期	「潜伏期」	勤勉性 対 劣等感	「近隣」，学校	適　格	不活発	技術的秩序	形式的	形式主義
Ⅴ 青年期	思春期	同一性 対 同一性の混乱	仲間集団と外集団：リーダーシップの諸モデル	忠　誠	役割拒否	イデオロギー的世界観	イデオロギー的	トータリズム
Ⅵ 前成人期	性器期	親密 対 孤立	友情，性愛，競争，協力の関係におけるパートナー	愛	排他性	協力と競争のパターン	提携的	エリート意識
Ⅶ 成人期	（子孫を生み出す）	生殖性 対 停滞性	（分担する）労働と（共有する）家庭	世　話	拒否性	教育と伝統の思潮	世代継承的	権威至上主義
Ⅷ 老年期	（感性的モードの普遍化）	統合 対 絶望	「人類」「私の種族」	英　知	侮　蔑	英　知	哲学的	ドグマティズム

門、男根という器官は、有機体の保存に不可欠な機能を果たしているという基本的事実がある。食物の摂取、老廃物の排泄、そして（性的潜伏期と呼ばれる一定の猶予期間を置いた後の）種の保存のための生殖行為、という機能である。さらにこれらの器官が性愛化《エロタイズ》されていく過程は、他の様々な器官システムの同時並行的な成長と分かち難く結びついていると言わねばならない。

例えば、自体愛的（autoerotic）な経験とその昇華の仲介者という、人間の手の機能のひとつを考えてみよう。腕は、自らを防御し他を攻撃する機能のほかに、両手を操って、手先を用いた（自体愛的）興奮の鋭敏な伝達者として機能せしめることもあれば、一方、人間特有の目と手の協応に支えられた極めて複雑かつ巧緻な活動の実行者として機能せしめることもある。この種の活動は特に遊戯期（play age）において際立った重要性を帯びてくる。この時期に我々は自主性対罪悪感（initiative vs. guilt）という心理・社会的葛藤が訪れると考えるのだが、言うまでもなくこの罪悪感とは、常習的な自体愛とそれに伴う空想を罰するものであり、一方自主性とは、手を用いた巧妙な遊びの中で、また労働とコミュニケーションの基本型の中で、多様な昇華の道を切り開くことを指している。つまり我々は、性感帯と、その快感に彩られた時期とを、徹頭徹尾、同時に発達しつつある感覚的、筋肉的、ならびに移動的な器官系全てと関連づけて考えなければならない。私が口唇期、肛門期、男根期を、

(1)　口唇‐呼吸器的、感覚的段階

(2)　肛門‐尿道的、筋肉的段階

(3) 幼児‐性器的、移動的段階

と再定義するのはこのような理由からである。

これらの諸段階及び各段階身体部位に関わる側面は全て、(三二頁に示した)図式に照らして漸成的な順序で見ていかねばならない。読者は同時に、本書の中でこれから関連づけていく諸テーマを概観した図式1(三四頁)のA欄上でこれらの段階の位置を確認してみるとよいだろう。

さて、いよいよ、これらの器官系がいかにして心理・社会的な意味を「獲得」するのかという問題に近づいてきたので、まず次のことを確認しておこう。(本能的な可変性《ヴァライアビリティ》を備えた)長期化した人間の幼児期の諸段階と、(多様な文化的ヴァリエイションを持つ)人間の共同体の構造は、ともに一つの進化的発達の不可欠の部分であり、相互に貢献しあうポテンシャルをはじめから備えているに違いないということである。共同体の諸制度は、(幼児期全体に対してのみならず)各身体部位の機能に対して、文化的規範や共同的スタイルやその共同体の支配的な世界観を支える独自の意味を付与しようとする。にもかかわらず共同体の全体的調和を損う葛藤を生み出すこともあるのだが、しかしこれらの諸制度は、原則的には、種々の器官系の発達的ポテンシャルを支えるものと考えてよいだろう。

しかし、前性器期の各段階に関連する性愛的経験や性愛的表現に対して、共同体がいかに反応するかという個別的な問題になると、上記の解釈に関して歴史的ディレンマに突き当たる。なぜなら、前性器期的諸段階を発見した精神分析の臨床的観察に基づけば、社会というものはそもそも幼児性欲に

対しては敵対的であり、性愛的な経験や表現に対する共同体の反応という上述の問題は、（時には人間的なもの全ての抹殺にまで及ぶ）抑圧が、どの程度厳格か否かという問題にしかならなくなる、という結論を受け入れざるを得ないからである。しかもその種の抑圧はヴィクトリア朝時代に独特の偏執的色彩を帯びて現われ、ヒステリーや強迫神経症といった当時の主要な神経症を生み出す特異的な病因となっていたと言える。精神医学や精神分析がその時代の疫学的傾向に反映される人間性の「新しい」諸側面を発見することができ、また発見しなければならないとすれば、精神医学や精神分析の解釈は、我々が後に「歴史的相対性」として考えるものを常に考慮に入れておかねばならない。極端な道徳主義で子どもをしつける傾向の少ない時代には、子どもは幼児性欲的傾向を或る程度まで直接的に遊戯的に表現することができるだろう。あらゆる社会は、原則的には、大人と子どもの間の独自な「対話」形態を提供することによって、本能《インスティンクチュアル》的に備わった両者間の相互交渉を発展させなければならない。またこの独自の対話形態によって子どもの初期の身体経験は、深い永続的な文化的意味合いを付与されるのである。同時に、幼児が本能《インスティンクチュアル》的な愛着を寄せ相互交渉を成しうる範囲内に、母親的人物や父親的人物、やがて様々な親的人物が入ってくるとき、幼児は逆にそれに対応するコミュニケーション・パターンをこれらの成人の中に喚起するのであり、しかもこのコミュニケーション・パターンは個人の統合のみならず共同体の統合にとってもその後長く重要な意味を持ち続けるのである。

器官様式と姿勢の様態及び社会的様態

前性器期的様式《モード》

心理・性的発達と心理・社会的発達とを繋ぐ主要な連鎖として、我々は人間の有機体の心理・性的な諸部位を支配する種々の器官様式（organ modes）をあげることができる。この器官様式とは、取り入れ（incorporation）、把持（retention）、排泄（elimination）、侵入（intrusion）、そして包含（inclusion）である。もちろんこれらの器官（身体開口部）は多種多様な様式で機能しうるのだが、前性器期の理論によれば、これらリビドー的部位が発達の焦点となる各段階では、一つの基本的な様式－形態（mode-configuration）が、快感追及的かつ目的的に各部位の機能の仕方を支配するというのである。例えば口唇は食べ物を吐き出したり、入ってくるものを阻むべく口を閉ざすこともできるのだが、しかし口唇期には、基本的には取り入れるものとして機能する。同様に肛門と尿道は把持し排泄するものとして機能し、一方、男根は侵入し、ヴァギナは包含するように運命づけられているというのである。しかしこれらの様式はまた、一つの哺乳類の有機体（及びその諸部位）と他の有機体（及びその諸部位）との相互交渉を支配する基本的形態《コンフィギュレイション》とともに、一つの有機体（及びその諸部位）と物質の世界との相互交渉を支配する基本的形態をも包摂している。身体諸部位とその様式は、したがって、いかなる文化の児童訓練体系においても最大の関心事となり、やがてそれはさらに発展して、その文化の「生活様式」の中核となっていく。同時に身体諸部位と諸様式に関する幼児期の最初の経験が、直立することを運命づけられた有機体に不可避的につきまとう姿勢の変化と姿勢の諸様態（postural modalities）――つまり、うつ伏せから這うことへ、座ること・立つことから歩くこと・走ることへと姿勢が変化し、それに伴ってパースペクティブも変化すること――と意味深く関係していることは言うまでもない。また、これらの中には、各々の性に要求される、各性に相応しい空間的行動も含まれている。

「原始的」な部族の育児法に初めて触れた人でも、彼らが子どもに幾つかの強烈な欲望を或る意味ある仕方で断念させることを通して、またごく些細な日常的習慣からその社会の支配的テクノロジーが要求する諸技術に至るまでの適応的行動を、子どもが完全に習得しかつ享受するのを助けること通して、子どもの中の前性器期的な本能《インスティンクチュアル》的諸力を巧みに利用する、その利用の仕方の中に、何らかの本能的知恵が潜んでいると結論せざるを得ないだろう。スー族の独特の児童訓練も、それを我々なりに再構成してみると、我々が後に乳児期初期の基本的信頼として記述し考えるものが、養母のほとんど無制限とも言える気遣いと寛大さによってまず確立されていると信じざるを得なかった。子どもに歯が生えてきても養母は授乳を続けるが、その一方で彼女は、潜在的な残忍性を最大限に誘発するような仕方で幼い男児の怒りを遊び的に増幅させるようになる。しかもこの怒りと残忍性は、明らかに、後に日常の遊びの中に水路づけられ、さらに後には獲物や敵への有能な攻撃性を要求する労働や狩猟や戦闘の中に水路づけられていくのである。原始的文化はこのように、様々な器官様式と社会的様態（social modalities）双方に「適切」なアクセントをつけるために、発達初期の身体的・対人的経験に特定の意味を持たせるだけではなく、このように誘発されたエネルギー、（本来の進路から）方向をそらされたエネルギーを、慎重かつ系統的に水路づけ、しかもこの誘発によってうまく惹き出した乳児の不安に、筋の通った超自然的な意味を付与している、と我々は考えるに至った。

発達初期の社会的様態と器官様式との関係について詳しく検討する際に、ベーシック＝イングリッシュを引き合いに出してみよう。なぜなら、この簡潔な語法はあらゆる言語に共通する基本的な行動を明らかにし、系統的な比較を可能にしてくれるからである。

口唇－感覚的段階（oral-sensory stage）は二種の取り入れの様式に支配されている。「得ること」（to get）は、まず、受け取ることであり、与えられるものを受け入れることを意味する。また、言うまでもなく、息を吸う様式と（ものを）吸う様式の間の類似性には極めて重要な意味がある。（ものを）

「吸う」(sucking) 様式は、人生において最初に学習される社会的様態であり、母親的人物つまり最初の自己愛的鏡映と愛着の対象である「原初的他者」(primal other) との関係の中で学習される。その関係の中で、与えられるものを得ること (getting what is given)、そして自分がして欲しいと願うことを自分のために誰かにしてもらうこと (to get somebody to give) を通して、乳児は同時に将来自分が与える者になる (get to be a giver) ために必要な適応の基盤を培うのである。しかし歯が生え始めると、物に嚙みつく快感、物を嚙み切る快感、そして物を粉々に嚙みちぎる快感が生まれてくる。この積極的‐取り入れ的な様式は、他の諸器官の発達についても言える。例えば目は、最初は外側からやって来る印象を受け入れるだけであったのが、或る対象に焦点を合わせ、ぼんやりした背景からそれを分離し、それを「とらえる」ことを学習し、やがてそれを追いかけるようになる。同様に耳は、意味ある音を識別し、音の来る方向を突き止め、その方向に向かって振り向く時の手引きをするようになる。ちょうどその頃、腕を何かに向かって目的的に伸ばし、手でそれをしっかりと摑むことが学習される。これらの様態に与えられる意味合いは、離乳の早い児童訓練と離乳の遅いそれ、依存期間の長い児童訓練と依存期間の短いそれとでは、大きく異なってくる。もっとも我々がここで扱っているのは、児童訓練が発達に及ぼす因果論的な影響ではない。ここで考えようとしているのは、前にも述べたように、身体的、精神的及び社会的な諸パターンの相互的な同化、つまり、文化の諸パターンに内在する或る内的論理（後にエトスとして論ずる論理）に導かれながら、自我の「諸装置」を適応的に統合する自我自体の能力の成長に合わせて行なわれる、適応的発達についてなのである。掴まえておく (holding on) と手放す (letting go) という単純かつ機能的なオルタナティブについて言えば、或る種の文化、恐らく所有性《ポゼッシブネス》が文化的エトスの中核を成すような文化では、肛門 - 筋肉的段階 (anal-muscular stage) を通常支配する把持と排泄の様式に強調点が置かれ、これに関連する身体部位が戦場となるだろう。この保持する (to hold) という様式は、その後の展開の中で、破壊的かつ残酷なかかえこみ《リテイニング》や縛りつけ《リストレイニング》に変化していくこともあれば、所有し保持する (to have and to hold) という、一つの世話の形態を支えるものに成っていくこともある。同様に、手放すこと (to let go) は、破壊的諸力を野放しにすること (letting loose) という有害な結果をもたらすこともあれば、力みのない「大目に見ること」(to let pass) や「自由にしておくこと」(to let be) に成っていくこともある。一方、(相対立する二重の意味にあまりにも多く晒されることや、訓練の過少あるいは訓練の過剰に由来する) 挫折感は、深い恥の感覚を生み出したり、「自分がしたことは自分が望んだことだ」あるいは「自分が望んだことを自分はしたんだ」というような感情をいったい自分は持てるのだろうかという、強迫的な疑惑を生み出していく。

第三の幼児 - 性器的段階 (infantile-genital stage) で多くの行動を支配する侵入的様式は、活発な移動による空間への侵入、身体的攻撃による他者の身体への侵入、攻撃的な音声による他者の耳や心への侵入、飽くなき好奇心による未知の世界への侵入といった、形態《コンフィギュレイション》的には「類似」した様々な活動を特徴づけているものである。これに対して包含的様式は、しばしばこの種の攻撃的行動に唐突に取って代わって現われる、想像上の対象への（ひたむきではあっても）穏やかな受容性や、年少の子どものみならず同輩の仲間との優しい保護的な関係の形成として出現する。ペニスやヴァギナの最初のリビドー化が、自体愛的な遊びやエディプス的な空想として現われることは確かであるが、しかし状況が許せば、大人の性交渉の模倣を含む、男女の性的な遊びとしても劇化される。この段階はほどなく「潜伏期」に道を譲ることになるが、しかしこの移動性の幼児‐性器的段階は、ベーシック＝イングリッシュに現われる一般化された様態のリストに、「獲得するチャンスを逃がさない」（being on the make）という意味での「ものにする」（making）という様態を付け加えることになる。この言葉は、自主性（initiative）、つまり目標達成への執念、征服の喜びを指している。言うまでもなく或る種の文化は、侵入的様式によって「ものにする」ことの重視を男児の中に植えつけ、一方女児の中には、おねだりや誘惑によって「ものにする」こと、あるいは他の形の「ひきつける《キャッチング》」ことによって「ものにする」こと、つまり自分を魅力的に可愛らしくすることによって相手をものにすることを培う。それでいて男女はこれらの様態を随意に組み合わせて使っているのである。

ここで、「男根期」という従来の呼び方ではなく幼児‐性器的段階という呼び方を私が用いること、しかも侵入的並びに包含的な様式と様態の混在したものがこの時期の両性をともに支配すると考えることについて、一言加えておかねばならない。私がこのような呼び方と考え方をとるのは、幼児‐性器的なレベルでは、男女ともに一定の両性的傾性を有すると仮定され（潜伏期が必要となる（進化的な）「理由」の一つがここにある）、男性的侵入と女性的包含という性器期的様式の本格的な分化は思春期を待たねばならないと考えるからである。確かに女児が（目につきやすく勃起もする）男児の性器を見ることは、特に家父長制社会においては、ペニス羨望を惹起させることはあるが、しかし同時にそれは、もっと単純に、ペニスが行きたがっていると思える場所にゆくゆくはペニスを迎え入れたいという強い願望を芽生えさせるものでもあろう。器官様式だけでなく侵入と包含という社会的様態を両性にとって発達的に不可欠だとするこの考えは、女性の発達に関する理論的強調点を次のように移動することを迫まることになる。

(1)（ペニスという）外的器官の喪失という感覚の強調から、「内空間」(inner space) という極めて重要な内的潜勢力の感覚の芽生えの強調へ（この感覚は、移動や一般的な自主性のパターンにおける活発な侵入性の表現と決して対立するものではない）。

(2)男性的活動の「受動的」な断念という強調点から、生み・育てる諸器官を所有していることを表現する活動及びそれに相応しい活動の遊び的な追求の強調へ。

侵入的様式と包含的様式を交互に現わすこのような一種の両性的傾性は、男女の行動差の現われ方に大きな文化的ヴァリエイションと個人的ヴァリエイションをもたらすことになる――もっともそれが思春期における完全な性器期的分化を早期に完了させるものではないのだが。

包含的様式と侵入的様式の間を行きつ戻りつするこの傾向は、言うまでもなく、男児の中に特殊な葛藤を惹き起こす。身体に対する関心が高まるこの時期に女性の性器を目撃することが、男児の中に去勢恐怖を惹き起こし、それが女性への同一化を制止することがあるからである。しかし、理解に充ちた環境下でその種の表現を許されれば、このような女性への同一化は、男児の中に、活発な移動と も、やがて現われる侵入的性器期性とも対立することのない、「世話し保護する特性」(caring qualities)の発達を促すことができる。

性器的な諸部位と諸様式と諸様態が辿る最終的な運命を熟考することは、女性と男性という普遍的問題の明確化に役立つに違いない。この問題は、現在ではあまりにも明白となった、性差を男性に好都合に(搾取的に)利用してきた伝統の解明に先立って、まずこれらの部位や様式や様態の錯綜した発達という文脈の中で解明されるべきものであるかもしれないからである。例えば包含的様式と取り入れ的様式との間に或る親縁性があることは否定し難い。女性の場合には、男根期的な侵入のポテンシャルが欠け(かつ乳房の発達が遅れ)ると、或る文化的条件下では、依存に逃げ込む傾向をこの親縁性が増幅させることがある。さらにこの傾向は或る種の文化が有する搾取的傾向と手を結ぶこともある。女性がもっぱら出産の責任のみを、しかもその責任の全てを無制限に負わされることで依存的な状態に置かれているような場合には、特にそうである。少なくとも或る種の文化的シェーマの中で、しかも両性の経済的役割が明確に分けられている場合には、このような傾向は、人間の進化の過程で、女性に対する搾取の可能性に力を与えてきた——依存的な乳児（及び依存的な大人）の世話を効果的に行なっている時にさえ、あるいはそのような世話をしている時にとりわけ、（周囲が期待するように）自らもまた依存的であることを当然と考える者として、女性を好都合に利用することに力を貸してきたのである。[4] 一方男性の場合には、これと対応する退行的な依存欲求、あるいは母親の養育的な側面への同一化が存在しても、またそれが（上述の女性と）同一の文化的条件下で生じた場合でも、狩猟、戦闘、競争、あるいは搾取といった侵入的行動による闘争的過補償が可能である。したがってこのような対抗的な諸様式が、男性と女性それぞれの中でどのような運命を辿っていくかは、比較研究の価値があるのだが、しかしこの種の問題に関する理論的結論が深刻なイデオロギーの対立に巻き込まれているような時代には、極めて注意深くこれを行なわねばならない。大切なことは、今日見られるような様々な社会的実験や洞察が、解放された成人だけでなく男女両方の子どもにも充分説得力を持つ、一つの性的エトスを最終的にもたらすか否かということであろう。

姿勢の様態

性感帯の器官様式が辿る運命を概観し、それらを社会的実存の諸様態に関連づけていくと、前性器期における感覚的、筋肉的及び移動的な諸様態の心理・社会的意味を、もっと系統的に示すことが重要になってくる。幾つかの発達段階をたどっていく子どもは、前にも少し触れたように、次第に拡大しつつある重要な社会的相互交渉の範囲（radius）の中で生きているだけでなく、拡大しつつある時空経験の中でも生きているからである。

精神分析理論はこれまで、心理・性的な発達段階の過程で、「仰向け」から「這う」「直立して歩く」というように変化していく条件間の差異にほとんど目を向けてこなかった。「朝は四本足、昼は二本足、夕べは三本足で歩くものは何か？」という、エディプスに投げ掛けられた謎がわずかにこの重要性を示唆していただけである。したがってここでは発達最初期の「姿勢」に再度立ち返り、それが時空存在における基本的パースペクティブを（心理・性的並びに心理・社会的諸段階に沿って）いかに規定するかを明らかにしてみよう。

生まれたばかりの、無力に横たわる乳児は、次第に、彼の顔を覗き込み彼に反応を示す母親的人物の顔を、見上げ、探すようになる。精神病理学の教えるところでは、この「目と目を見合わせる関係」（eye-to-eye relationship）（J. Erikson, 1966）は、人間の精神的発達に不可欠な「対話」であるばかりか、口と乳房の関係が生命維持に不可欠なように、人間の生存そのものに不可欠な「対話」でもある。母性的世界と「接触」する能力の基本的欠如は、まず、この目と目を見合わせることの欠如として現われてくるという。しかしこの種の接触が確立された場合でも、人間はなお見上げる人物を常に探し求め、自分を「抱き上げてくれる《アップリフティング》」(4)出会いによって自らの存在が確証される感覚を一生涯求め続ける。

最初の対人的出会いを演出する、この遊戯的なしかし（系統発生的に予定された）対話においては、目、光り、顔の相貌、名前を呼ぶ声が、原初的他者に関する最初の認知及び原初的他者による最初の認知の本質的構成要素となる。これらの要素が永続的な実存的価値を有することは、それが決定的な出会いの際に生涯にわたって繰り返し現われることで証明される。例えば、「目だけで乾杯をする」恋人たちの行為の中に、（ヒンズー教の「ダルシャン」darshan のように）カリスマ的人物の姿をのみつくさんばかりに、それに「見とれる」（drink in）大衆の恍惚状態の中に、あるいは「わたしたちは今は鏡に映して見るようにおぼろげに見ているが、しかしその時には（顔と顔を合わせて）、わたしが（神に）完全に知られるように、完全に知るであろう」というパウロの約束に見られるような、神の顔を永遠に探し求める行為の中に見ることができる。明らかな死の状態から生き返ったと思われる人たちによる近年の体験報告も、このような究極的な出会いの光景を確証しているように見えるのである。

人間の発達最初期の横臥した状態の意味と重要性をこのように詳しく考える時に、我々は、正統的な精神分析の巧妙な治療状況の設定に言及しないではいられない。患者は、極めて重要な言葉を治療者と交わす間も、仰向けのままで、治療者と目を合わすことができない、そういう条件下で自由連想を許される、というパラドキシカルな状況である。自由と拘束の混在したこの状況は、激烈かつ執拗な転移を——仰向けに横たわる乳児が、自分の世話をしてくれる人物が自分に向けてくる顔を探し求める状況の反復という最も深い転移を、あるいはそれを探し求めても探し出せない状況の反復という最も深い不安に満ちた転移を――誘起することになる。

人間の発達は強調点の劇的な移動によって支配されている。最初は長期の全き依存の中で安定していた乳児は、まもなくしかも急激に「自分の（二本の）足で立つ」ことを学習し、しっかりした直立姿勢を習得しなければならない。この直立姿勢は数多くの決定的意味を備えた新しいパースペクティブを生み出すことになる。例えばこのとき「遊ぶヒト」(homo ludens) はまた「直立するヒト」(homo erectus) にも成るのである。

この直立する被造物にとっては、（最初はちょっとぐらぐらしている）頭が身体の最上部となり、目が前面にくることになる。この立体《ステレオスコッピック》的視覚によって我々は、前方 (ahead) にあるもの及び前面 (in front) にあるものに「面する」(face) ことになる。後方 (behind) にあるものはまた背面 (in back) にあるものでもある。このほかにも、前方の上方、前方の下方、後方の上方、後方の下方といった重要な組み合わせがある。これらは全て、異なる言語の中でも多様かつ強烈な意味合いを担わされている。例えば、前方の上方にあるものは、一つの光明の如く私を導くものである。下方の前面にあるものは、蛇のごとく私の足をすくうものである。背面にある人あるいは物は、私はそれを見ることができないが、相手は私を見ることができる。それ故に恥は、直立した時に前面が曝されているという意識に関連するだけでなく、背部、殊に「お尻」(behind) があるという意識にも関連するのである。「私の後ろ」(behind me) にいる人は、したがって、「私を背後から支え」(back me up)、私の前進を助けてくれる人か、あるいは知らぬうちに私を監視したり、「私の後をつけて」(after me)「私を捕らえ」(get me) ようとする人たち、という矛盾した二つの範疇に入ることになる。後方の下方にあるものは、私が成長の過程で単に脱ぎ捨ててきた物や人、あるいは私が置き去りにし、忘れ去り、捨て去りたいと思っている物や人である。ここでは排泄的様式が、より広範な排出的 (ejective) 様態をとっていると見ることができる。もちろん、このような器官様式と、姿勢に関連したパースペクティブとの系統的かつ重要な結び付きは、他にも数多く考えられるが、その探究については読者に委ねよう。ところで読者は私がこのパラグラフでは、「私」がどのように経験するかという観点からものを述べてきたことに気づかれたであろう。事実、経験的ならびに言語的な認証《コンファメイション》を受け取っていくあらゆる発達的ステップは、(無意識的な) 自我の正当性を認めるのみならず、自己 - 覚知の中心としての意識的な「私」の正当性を認めるものとしても機能するのである。またこの認証は、呼吸が我々の身体的存在にとって中心的であるように、我々の精神生活にとっても中心的な意味を持つものなのである。

姿勢に関わる言語の論理はこのように、様式に関わる言語の論理とともに、「経験を統括する自分独自の方法 (自我統合) が、自分が属する集団のアイデンティティとも調和する一つの独自型《ヴァリアント》であり、かつその集団の時空プランと人生プランにも合致している」という最重要の保証を、成長過程にある幼児に与えるものの一つである。この点についいては後でまた触れるつもりである。

歩行の能力を獲得したばかりの幼児は、歩きたくてしかたがないという様子と誇らしげな雰囲気を漂わせながら、まるで駆り立てられるかのように歩行行為を反復し、完璧な歩行を習得するだけでなく、すぐさま幼児 - 性器的段階の侵入性に沿って他者の領域への多様な侵入を開始する。つまり、この時期の子どもは、いかなる文化においても、「歩くことができる者」という新しい地位と成長を、それに伴うしばしば矛盾した意味合いとともに、意識するようになる。すなわち、「やがて相当のところまで行く（go far）男の子」あるいは「行き過ぎる（go too far）恐れのある男の子」、「きちんとした（move nicely）女の子」あるいは「遊び回る（run around）恐れのある女の子」といった矛盾した意味合いである。歩行はこのように、他の発達的な達成と同様に、自分が或る共同的かつ生産的な未来に向かう適格なステップを学習しつつあり、かつその途上でひとつの心理・社会的アイデンティティを獲得しつつある、という確信を反映する自尊感情の形成に寄与するに違いない。

子どもの中に生まれつつあるこのような内的構造は、文化的「外界」と深い関係をもち、またこれ以後も深い関係を持ち続けていくに違いないが、しかしそれについて精神分析が強調してきたものは、幼児期に両親の禁止や命令が内面化されて、超自我（自分の中にあって、自分に「言うことを聞かせる」、自分よりも高位にある者の声）や自我 - 理想（自分自身のより高い自己を懸命にあるいは誇らしく見上げさせ、後になって賢明な指導者や「偉大」な指導者を見出し、信頼していくのを助けるもの）ができていく過程だけだったのである。

これまで漠然と、成長過程にある子どもとその世話をする大人との間の「対話」あるいは相互交渉と呼んできたものは、儀式化（ritualization）というそれが持つ最も重要な特徴の一つを述べることで、その心理・社会的な意味をさらに明確にすることができる。儀式化という用語は本来は動物行動学《エソロジー》のものであり、ジュリアン・ハックスレイ（1966）が、いわゆる社会的動物において系統発生的に行なわれる「儀礼的」行為（例えば或る種の鳥類が交わす華麗な挨拶儀礼）を表わすために用いた造語である。しかしその種の文脈で用いる「儀礼」とか「儀礼的」という語は、臨床の領域で例えば洗手強迫を特徴づける際に用いる「儀式」という語と同様に、引用符つきで初めて意味を成すことに注意しておきたい。我々が用いる儀式化という用語は、幸いなことにそれほど仰々しいものではない。それは、人間に関して用いられる場合には、人と人との間で行なわれる、インフォーマルな、しかし定型《プレスクライブド》化された相互交渉、しかも意味のある間隔をおいて周期的に反復されるそれ、を指している。この相互交渉は（少なくともそれを実際に行なっている者にとっては）単に「これが我々のやり方だ」ということを意味するに過ぎないが、しかしそれを行なう者全て及び彼らの集団生活に対して大きな適応的価値を有していると考えられる。なぜならこの儀式化は、人間が社会的過程に段階を踏んで本能《インスティンクチュアル》的に参入していく過程を、生まれ落ちた瞬間から推進し導いていくものであり、この社会的過程への参入は、自然界の一区画への本能《インスティンクティブ》的な適合が動物に対して持つのと同じ意味を、人間の適応に関して持っているからである。

J・ハックスリーとK・ローレンツ（1966）が生き生きと記述した動物の儀式化と同種のものを人間の日常的行為の中に求めようとすれば、母親が乳児に近づき、目覚めた乳児に挨拶する仕方、あるいは母親が授乳したり、乳児の体を拭いたり、乳児を寝かしつけたりする仕方を思い出せばよい。そうすれば我々が儀式化と呼ぶものが、人間にあっては、（特定の母親が、特定の乳児に向ける、その母親「独自の型《ティピカル》」をもったものという意味で）極めて個人的なものでありながら、同時に、外側の観察者から見れば、文化人類学的な比較の対象とも成りうる、一定の伝統的方針に沿った明確なステレオタイプであることがはっきりする。これらの手順全体は、乳児の身体的欲求とリビドー的欲求の周期性に沿って行なわれる。またそれによってこの手順全体が、成長しつつある乳児の認知能力に応答し、まとまりのない雑多な諸経験をマザリングによって一貫性あるものにすることを求める乳児の渇望に応えることになる。一方、出産後の母親もまた複雑な仕方で何かを必要としている。なぜなら、いかに母親であることに本能的満足を求め得たとしても、さらに彼女は彼女の属する種族《スペシフィック》に相応しい仕方でその種族《スペシフィック》に相応しい母親に成ることを必要とするからである。つまり、人間のこの最初の儀式化は、一連の慣例と義務を満たしながら、同時に、顔と名前による相互的認知を求める母子双方の欲求に応えることになる。もっとも我々はいつも乳児と母親のペアーだけを考えがちであるが、もちろん、原初的他者（primal Other）——つまり「私」と対をなすもうひとりの人物《カウンターパート》——の感覚を乳児の中に喚起し強化する他の母親的人物や父親たちも考慮に入れなければならない。

このような儀式化の要素がいついかなる場所で反復されたとしても、この種の出会いは、最善の場合には、一見パラドックスと見えるものを調和させる。つまりそれは遊戯的でありながら同時に形式化され、反復によって馴染み深いものに成っていながら同時にそのつど新たな驚きをもたらすかに見える。言うまでもなくこれらの事柄は、（それを行なう当事者にとっては）ごく「当然」と思えるほど単純なものにもなりうるが、決して意図的なものでも、また（人生における最善のものが常にそうであるように）意識的に企て得るものでもない。しかし同時にそれは、（不幸にして）「対象《オブジェクト》」関係と今日呼ばれるようになったものの永続的な確立に寄与する。「不幸にして」と言うのは、（例えば、愛される人はリビドーの「対象」であるというように）リビドー理論の中で一定の専門的意味を有する用語が一般化されて用いられ、恐らく「思いもよらぬ」結果をもたらしているからである（Erikson, 1978）。この上なく情熱的に愛される人も「対象」と呼ばれるのだが、この誤称は事実的事物（factual things）の世界——幼児が極めて重要な認知的並びに情緒的な関心を寄せる世界でもあるが——から、対象という語をもってきたものである。それはともかく、この儀式的な出会いの心理・性的側面は、原初的他者の明るみの中で自分自身を一個の分離した自己として理解しうる心理・社会的能力とともに、一人の原初的他者の存在そのものに対面《コンフロント》しうる心理・社会的能力によって補完される。同時にそれは、乳児の経験する怒りや不安――それは幼い動物が経験する混乱や恐怖よりはるかに複雑で破滅的だと思われる――を和らげる。したがって、このような発達初期の結び付きの欠如は、極端な場合には、子どもの側に「自閉性」を現出させる。この自閉性は、母性的なものの欠如に対応するもの、あるいは恐らく母性的なるものの欠如への反応として現われるものであろう。もしそうならば我々はそこに、不毛な交流、つまり、目を合わせることも顔で反応しあうこともなく、子どもは型にはまった動作を際限なく絶望的に反復するという、一種の私的な儀式主義を見ることができるだろう。

儀式化や儀式主義という用語をこの種の現象に適用できると考えうるもう一つの根拠は、同一文化内では日常的な儀式化と壮大な儀式との間に或る対応関係が見られることにある。例えば母親と乳児の間の相互的認知が、生涯にわたって、歓喜あふれる出会いのモデルになりうることは前に示唆したが、このような視点に立つと、主要な各人生段階の儀式化が、その社会構造内の主要な諸制度のひとつ及びその社会の諸儀式と対応していることが見えてくる。すでに述べた「私」(I)と「他者」(Other)という両極性に対する、この最初のおぼろげな認証は、我々がヌミノース的なるもの(the numinous)(つまり神聖な存在のオーラ)と呼ぶひとつの遍在的《パヴェイシブ》要素に対する人間の儀式的欲求並びに審美的欲求の基盤を成すものである。このヌミノース的なるものは、分離性の超克(separateness transcended)と個別性の認可(distinctiveness confirmed)を保証し、それによって「私」という感覚の基盤そのものを保証する。宗教や芸術は伝統的にこのようなヌミノース性を培うことに最も深く関わってきた制度である。そのことは、他の複数の「私」の会衆と共にヌミノース的なるものを共有する、つまり全員が一人の全一包括的な「我あり（I Am, Jehovah）」を共有するという儀式の細部の中に見て取ることができる（Erikson, 1981）。君主政治はこのヌミノース的なるものを自ら担おうとして宗教等と競合してきたものであるし、また現代では様々な政治的イデオロギーがこのヌミノース的機能を引き継いできた。無数の旗やプラカード上に描かれた指導者の顔、という光景にそれがよく現われている。しかし懐疑的な観察者（強力な技法を有するだけでなく、職業的な「運動」に関与し、壁に創始者の写真を飾り、その技法の英雄的な前史をイデオロギー的な指針とする臨床家を含む）ならば、この種の包括的かつ超越的な経験に対する伝統的な欲求を、乳児的欲求への部分的退行あるいは集団精神病の一種と考えることはあまりにも安易すぎると言うだろう。もちろんこのような欲求は、その発達的な相対性並びに歴史的な相対性の中で全て考えていかねばならない。

一方このような基本的儀式化が、一種の儀式主義——共同体組織の統合的機能を壊滅させるような、型にはまった行動の反復と幻想的虚構に特徴づけられる、儀式様の行動パターン——と関係があることも確かである。例えばヌミノース的なるものへの欲求は、或る場合には、偶像崇拝（idolatry）——極めて危険な集団的妄想体系に成りうる、視覚的形態の中毒——に退落しやすいものでもある。

次に、第二の肛門-筋肉的段階及び第三の幼児性器的-移動的段階の基本的儀式化について簡単に触れておこう。第二の段階においては、自分の意志どうりにするという快感（willful pleasure）、殊に

（括約筋を含む）筋肉系の機能に関係するその種の快感を、いかにその文化の規範に合致した行動パターンに方向づけるかが問題となる。方向づけるのは大人の意志であるから、その大人の意志がいかに子どもの意志に成るかが問題となる。乳児期の儀式化においては、（危険や悪への）警戒とその回避は両親の責任であった。しかしこの段階になると子どもは、何が可能で何が可能でないか、また何が許容されて何が許容されないかについて、「自分で自分を監視する」ように訓練されなければならない。このために両親や他の年長者たちは、彼自身（及び彼ら）が彼を監視しなければ彼がどうなるかを、（彼の面前で）彼の現在の姿と比較して見せ、二つの対照的な自己像を作り出す。ひとつは、彼の家庭及び文化の中で望ましいとされる類の自己拡張と自己主張を体現しつつある人間を表わす像、もうひとつは、彼がそうあってはならないもの（あるいはそう見えてもならないもの）でありながら、潜在的にはそうなる可能性があるものを表わす（極めて破滅的な）否定的な像である。或る種の行動について、それをするには未だ早い、それをするのにちょうど良い年頃だ、それをするにはもう大きすぎるといった言及が絶え間なくなされ、それによってこれらの像が強化される。このような働きかけは全て、今や年長児や複数の親的人物を含むようになった「重要な人間関係の範囲」の中で生じる。また、この頃になると、父親的人物がますます中心的なものと見なされてくる。恐らく、太い《ディープ》声を持つ逞しい《マスキュラー》権威的人物が、その脅威的かつ禁止的な相貌を、優しい導き手という守護者的なあり方によって和らげながら、何が是であり何が非であるかを強調する役割を担わされるのであろう。

この段階における決定的障害が臨床的にいかなる病理をもたらすかを我々は知っている。それはひとつの儀式化の失敗、つまり、「一定の領域では我意《セルフ・ウイル》(5)（わがまま）を抑えつけるが、同時に何らかの基本的選択権は保証するという仕方で、幼児個人の自由な活動範囲を明確に定義するという儀式化」に失敗することである。それ故に、正と邪、善と悪、私のものとあなたのものを区別する必要性を儀式化の結果受け入れても、それが極端な強迫的屈従に退落したり、あるいは逆に強迫的な衝動性に退落したりすることがあるのである。一方（儀式化を行なう）年長者は、強迫的あるいは衝動的な、しかもしばしば極めて残酷な儀式主義に溺れることで、生産的な儀式化を行なう能力の欠如を自らさらけ出すことになる。

この段階はもうひとつの重要な儀式化の原理を確立する活舞台《アリーナ》でもある。私はこの儀式化の原理に分別的なるもの（judicious）という用語を当てているが、それはこの用語が「法」と「言葉」とを結びつけた語だからである。つまり、何が法に適っているかを伝える言葉の精神を受け取れるようになることが、この時期の発達の重要な側面になる。人間が、罪と犯罪の法的な定義の問題とともに、自由意志と自己決定の問題に深くこだわってきたことの個体発生的起源はここにある。この人生段階に根源をもつ制度は、個人の行動の自由を法によって定義する制度である。これに対応する儀式は裁判制度（judicial system）の中に見ることができる。それは、各個人の内面生活に馴染み深いドラマを、法廷という公的舞台の上で、あらゆる人が見ることのできるものにする。つまり、法は我々の良心と同様に絶えず監視の目を光らせており（と我々は信じ込まされている）、しかも、法も良心もともに、罪ある者に有罪判決を下した時に初めて我々自身の無罪放免を宣告することになるからである。分別的要素はこのように、人間の個体発生的発達に起源をもつものとして、人間の心理・社会的適応に不可欠な要素となるが、しかし儀式主義の危険はここにも潜んでいる。それは法律至上主義（legalism）である。これには、あまりに緩やかすぎるものもあればあまりに厳格すぎるものもあるが、いずれにしても、個人の強迫性に対応するものが官僚政治の中に現われたものと言えよう。

最後に遊戯期について述べて、学齢前の段階の儀式化の記述を終えよう。心理・性的観点から言うと、この遊戯期では、基本家族を支配するエディプス的な三角関係を解決しなければならない。つまり家族外の人間への本格的な愛着は、その社会の学校教育がいかなる方法をとろうと、子どもが学齢に達した後の時期まで延期されるのである。遊戯期はその間、子ども自らが自主的に動ける領域をこれまでよりはるかに広範に子どもに預け、ミニチュア玩具の世界や共同的なゲームの時空といった子ども独自の儀式化の領域を子ども自らが開拓する力を、そこで充分に発揮させるのである。またこれらの世界や時空は、極端な征服の夢とそれに由来する罪悪感とを、想像上の相互交渉の中に吸収し和らげる働きもする。

遊戯期が寄与する儀式化の基本要素は、演劇的なもの（the dramatic）の幼児的形態である。しかし漸成図式に従えば、この演劇的なるものはヌミノース的要素や分別的要素に取って代わるのではなく、この二つの要素を結び付けて、次に個体発生的に現われてくる、形式的なるものとイデオロギー的なるものという二つの要素の出現を待つのである。成人の行なういかなる儀式も儀礼も典礼もこれらの要素のうちどれ一つを欠いても成り立たない。この子どもの遊び領域に対応する制度は、演劇的なるものを畏敬をこめてあるいはユーモラスに表現する舞台やスクリーン、あるいは演劇的なことがディスプレイされる（広場《フォーラム》、寺院、法廷《コート》、公園《コモン》等の）明確に境界づけられた活舞台である。この遊戯期に根源を持つ儀式主義は何かと言えば、私はそれを、遊び心溢れる自主性に対する道徳主義的・禁止的な抑圧、しかも罪責感を方向づける創造的な儀式化の方法が欠如した状態でのそれ、と考える。道徳主義（moralism）という言葉がそれに最も相応しいだろう。

さて、遊び《プレイ》と演劇の結び付きが明らかになってきたので、エディプス王（言うまでもなく彼はある戯曲《プレイ》のヒーローである）の乳児期の運命が持つ心理・社会的な意味について、ここで一言述べておこう。有機体的な秩序の幾つかの側面を考えてくるとき、我々はこれまで、成長しつつある幼児が（種々の身体部位、種々の様式、種々の様態を通して）意味深い相互交渉《インター・プレイ》を交わすようになる「相互交渉の相手」（counter-players）――成長に伴ってその人数は増えていくのだが――を無視してきた。最初の相手は、言うまでもなく母親的人物である。この母親的人物は、共生的な段階において、リビドーが原初的他者[5]に供給されることを可能にし、さらにこの原初的他者は、前にも述べたように、一種の自己愛の保証人となり（ナルシスはこの特殊なケースであろう）、（最も基本的な同調的《シントニック》態度として間もなく論ずることになる）あの基本的信頼感を与えるのである。

エディプス・コンプレックス――異性の親を永久に所有したいという強い本能的願望と、それに由来する同性の親への嫉妬に満ちた憎悪（この親を同時に愛してもいるのだが）――という「葛藤的」状況が生まれるのは、この最初の二者関係が、父親（父親たち）を含む三者関係に発展する時である。発達初期の愛着のこのような心理・社会的側面が、精神分析のいうあの中核的コンプレックスを作りあげてきた。しかし我々はここで、このような激しい願望が、その願望を満たす身体的条件は完全に欠如しているが、遊戯的想像力は最も旺盛になるこの時期に頂点に達するように、注意深く仕組まれていることを付け加えておかねばならない。つまり、最重要の本能的願望が、それに対応する罪責反応とともに、最も強烈な幼児的葛藤と最も大きな遊戯性の進展という二つの特徴を併有するこの発達期に出現するように仕組まれていること、また、いかなる空想的願望が花開き、いかなる罪責感情が強烈に生じようとも、それらは全て次の「潜伏期」（学童期）が到来すれば潜航するように仕組まれている、ということである。やがて青年期になって性器的成熟が訪れ、それが最終的に異性の性的《セクシュアル》な相棒《メイト》へと向っていくと、エディプス的な征服と競争というこの幼児的空想の残滓は、（様々な活動の「舞台《シアター》」や世界だけでなく、具体的な活動領域《エイリア》や競争の場《アリーナ》を支配する）英雄や指導者への理想化と信奉を共有する同輩仲間《エイジ・メイト》の抱く空想に結びつけられる。これらは全て本能的エネルギーを付与されているが、社会的秩序はこのエネルギーに依拠して世代継承的な再生を図らなければならない。

これと関連して我々は、あらゆる発達的展開が有するもう一つの本質的属性について考えておく必要がある。相互交渉の相手の範囲が拡大し、成長過程にある人間がより広い集団組織内で新しい諸役割を担っていくとき、発達初期の二者関係や三者関係といった原型的な形態《コンフィギュレイション》が、発達後期の文脈の中で新たな形をとって現われてきやすいということである。だからといって我々はこのような再生《リインカーネイション》を、明確な証拠なしに、発達最初期の共生状態への単なる固着や退行の現われと見なすことはできない。それが、より高次の発達水準における漸成的再演《リキャピチュレイション》であり、その発達水準の支配的原理や心理・社会的要請と適合していることも充分ありうるからである。例えば青年期のイデオロギー的探究の文脈の中で現われるカリスマ的イメージや神聖なイメージ、あるいは成人期の生殖的共同性の文脈の中で現われるそれは、最初の「(原初的な)他者」の名残り「以外の何者でもない」わけでは決してない。ブロス (1967) の言うように、「発達のための退行」(regression in the servise of development) ということがありうるからである。

さて本章では漸成的発達が有する世代継承的な意味について述べてきたが、その締め括りに、遊びに関する見解をまとめて述べておこう。精神分析の遊び理論は、そもそもは、エネルギー概念に沿った「カタルシス」理論であった。子どもの遊びは鬱積した情動を解放し、過去のフラストレーションを想像によって軽減する機能を果たすものだというのである。説明の仕方を変えれば、子どもは玩具を思うように使いこなせる《マスタリー》ようになると、心にのしかかる生活上の困難を克服《マスター》できるという幻想を抱かせる遊び的な脚色《アレンジメント》のために、その熟達《マスタリー》した力を使うようにもなる、ということになる。フロイトにとって遊びは、何よりもまず、強いられた受動性を想像上の能動性に変換するものであった。一方、私はかつて発達的観点にしたがって、身体感覚との遊びを「自己領域」(autosphere)、玩具を用いた遊びを「小領域」(microsphere)、他者との遊びを「大領域」(macrosphere) と名付けたことがある。それに関連して臨床の場で遊びを用いる際に大きな助けとなったのは、次のような観察であった。玩具から成る小領域は、子どもをして、危険な願望や主題の、統制を超えた表現に誘い込むことがあり、それが不安を惹起し、遊びの分裂 (play disruption) を突然惹き起こす――それは隠れていたものを露わにするものでもあるが――という観察である。この遊びの分裂は、睡眠時の不安夢に相当するものが覚醒時に現われたもの、と言うことができる。事実、この小領域の中で恐怖におののいたり絶望にかられたりすると、子どもは自己領域、つまり白昼夢や指しゃぶりやマスターベイションの中に退行することがある。しかしながらこの遊戯性は、発達的には、大領域――他者と共有する社会的活舞台であり、いかなる遊戯的意図を他者と共有しうるか、いかなる遊戯的意図を他者に強制しうるかを学習せねばならぬところ――にも入り込んでいる。ここではまもなく、秩序あるゲームという、攻撃的な意図を公正というルールに結び付ける、人間の偉大な創造物が花を開く。こうして見てくると、遊びは、漸成的発達の主要な流れ全てが、生涯を通して拡大・展開し続けていく仕方を示す好例となっている。というのは、遊びの持つ儀式化の力は、事態の雛形を創ることで経験に対処し、実験し予想をたてることで現実を支配するという、人間的能力の幼児的形態だからである。成人もまた彼の仕事が重大な局面にさしかかった時に、過去の経験や予想される難題と「一緒に遊ぶ」のであり、彼はまずその活動を思考と呼ばれる自己領域の中で開始するのである。さらに我々は、(「演劇《プレイ》」やフィクションといった)公けの目に触れる形でドラマに仕立てられたものの中だけでなく、実験室の中や製図板の上で事態の雛形を創ることによって、正しく修正された共同的な過去という見通しのきく地点から未来を創造的に予測し、それを通して過去の失敗を償い、未来への希望を強めるのである。またそうする中で我々は、玩具であれ、思想様式であれ、自然物であれ或いは発明された技術であれ、ともかく歴史の現時点の文化的・科学的・技術的条件から我々の手に与えられているそれらの素材をそのまま受け入れ、それで勝負することを学ばねばならない。

このように漸成的過程を見てくると、遊びと仕事を対立的なものと考えることができないことがはっきりする。最初期の遊びの中にも真剣な仕事の初期形態が存在し、また、遊びの成熟した要素は、事実、仕事に対する真の真剣さを妨げるどころか、むしろそれを強化するのである。無論その時に、成人がこの遊戯性《プランフルネス》と計画性を極めて破壊的な目的に用いる力を有することは否めない。この時、遊びは巨大な規模のギャンブルとなり、自分の計画を推し進めること(play one's own game)(6)は他者のそれを台無しにすることを意味するものになってしまうのである。

罪責感に抑止される自主性、玩具的事物に具体化される空想、心理・社会的に共有される遊戯空間、そしてエディプスの武勇談、といった遊戯期の全ての主題は、しかし、もうひとつの主題、つまり最も私的な舞台でもありスクリーンでもある夢を想起させる。それを言語化し分析することから我々は測り知れぬほど多くのことを学んできた。この論文では心理・社会的なものに焦点を当てるので、夢については触れないが、ただ次のことだけは述べておこう。夢はこれまで主としてその隠された「潜在的」な内容に関して研究されてきたが、夢がいかなる様式や様態を「顕在的」に用いるかを研究することが極めて示唆に富む、ということである（Erikson, 1977）。

さて、諸様式と諸様態、儀式化と遊び、といった心理・社会的発達の基本要素の推移を、幼児期・児童期を通して素描し終ったので、ここでもう一度、本能的エネルギーがもたらすこれらの特殊な寄与を幼児の前性器期的発達によるものだとする心理・性的理論に立ち戻ってみよう。

心理・性的理論は、前性器的発達の最終到達点を男女両性の相互的な性器愛の能力と考える。それは成人の成熟を重視し、なかんずくこの成熟に基づいて成人が神経症から解放された状態にあることを重視するのである。しかしこのリビドーがいかなる性質のものであろうと、それが心理・社会的発達に変換されるためには、これまで見てきたように、成人が世代継承的な課題に向って献身的に（時には熱情的にあるいは余儀なく）取り組むことが不可欠であろう。したがって心理・性的理論の論理を完璧に突き詰めていけば、成長した動物が子孫を作り育てることに本能《インスティンクティブ》的に関わるのと同様に、人間性の中にもそれに対応するものとして、子孫を作り子孫を育てることへの本能《イスティンクチュアル》的動因が存在するという仮定を置かざるをえなくなる（Benedek, 1959）。それで我々は、図式1のA欄を作成する際に、心理・社会的な生殖性（generativity）の段階（B欄）の本能的側面を表わすものとして、「子孫を生み出す」（procreative）段階を（カッコをつけて）付け加えたのである。

一九七九年、ニューヨークで開かれた国際精神分析学会での講演でこのことを述べた時（Erikson, 1980c）、私はこのテーマの普遍性を説明するために、「エディプス王」の古典版では、王は性器的犯罪だけで有罪とされているのではないこと、エディプスは一貫して「自分自身の種が蒔かれた畑を鋤で掘り起こした」者と言われ（Knox, 1957）、その結果あらゆる土地が不毛となり、女は産まず女となった、ということを指摘したのであった。

心理・性的なるものの子孫形成的《プロクリエイティブ》な側面を強調することは、しかし、産児制限が普及した現在では（非倫理的ではないにしても）極めてパラドキシカルに見えるかもしれない。しかしながら心理・性的生態《エコロジー》の根本的変化がはらむ危険を指し示すことは、精神分析の任務であり、将来も任務であり続けるだろう（事実、それはヴィクトリア朝時代に精神分析が担った最初の使命であった）。それらの変化が及ぼす影響を、臨床的な仕事の中で、また臨床的な仕事の枠を超えたところでも、明確に認識する助けとなるからである。例えば現代の患者に見られる「自己」への過剰な関心は、或る点では、子孫を産み出すことへの願望の抑圧と、その抑圧から来る喪失感の否認、に起因すると言えるだろう。もちろん、病因となるような抑制に取って代わる他の手段が無いわけではない。昇華、すなわちリビドーの諸力を心理・社会的な文脈の中で用いることである。それを理解するためには、現代の成人たちの間に見られる、「生物学的」には自分の子どもではない子どもたちを、自分の家や学校、あるいは「開発途上《ディベロッピング》」の国々で「世話」をする能力の増大を考えてみればよい。生殖性は、諸世代に奉仕する生産性（productivity）や創造性（creativity）にエネルギーの移動を図る可能性を常に含んでいるのである。

三　心理・社会的発達の主要な段階

用語と漸成図式について

誕生から死に至るまでの心理・社会的発達の諸段階の継列を再述するにあたって、まずジョウン・エリクソンと私が各段階に付した、希望（hope）、忠誠（fidelity）、世話（care）といった、誤解を受けやすい言葉を含む諸用語について説明をしておく必要があるだろう。これらは、三つの主要な人生段階における同調傾向（syntonic tendencies）と失調傾向（dystonic tendencies）[7]の葛藤から現われる心理・社会的な強さを表わすものである。希望は、乳児期における基本的信頼対基本的不信（basic trust vs. basic mistrust）の対立の中から現われ、忠誠は青年期における同一性対同一性混乱（identity vs. identity confusion）の対立から、世話は成人期における生殖性対自己耽溺（generativity vs. self-absorption）の対立から現われるものである（この vs. は「〜対〜」（versus）の意味であるが、対比される二つの特性には或る相補性があり、「〜とその逆の〜」（vice versa）という意味もこめられている）。これらの用語の多くは次のような主張、つまり希望や忠誠や世話は、若者には世代継承的サイクルに参入する「資格《クオリファイ》」を与え、成人にはそのサイクルを完結する「資格《クオリファイ》」を与える幾つかの基本的資質《クオリティ》を表わしている、という主張と無関係ではない。

我々が使う用語全体に関して、理論的調停者であった故デイヴィッド・ラパポートが述べた言葉を引用しておこう。自我心理学におけるひとつの確固たる位置を私に与えようと試みた後、彼は読者にこう警告する。「エリクソンの理論は（フロイトの理論の多くがそうであるように）、現象学的な命題から極めて臨床的な精神分析的 - 心理学的な命題まで広範囲な領域にまたがり、それらの間の系統的な区別がなされていない。したがって彼の理論の用語が概念としていかなる地位を占めるかは、現在では未だはっきりしない」(Rapaport in Erikson, 1959) と。本書の読者は彼の言わんとすることを理解するだろう。しかし、成長しつつある複数の自我と、それらの自我の団結《コミュナリティ》のエトスとの間にあるひとつの連鎖が儀式化であるという命題を容認すれば、生きた言語は——儀式化された相互交渉によって伝えられる様々な価値のうち、人間に普遍的に見られるものとその文化特有のものの両方を表わしているという意味で——最も際立った儀式化の形態の一つと考えねばなるまい。したがって、人間の強さという現象に接近する時に、幾世代もの人間が使う過程で熟成してきた生きた言語の日常的な言葉は、議論の基礎として極めて有効なものとなるだろう。

問題をもっと限定して言えば、我々が発達的な観点から検討を進めていった結果、希望や忠誠や世

図式 2　心理・社会的危機

		1	2	3	4	5	6	7	8
老年期	Ⅷ								統合 対 絶望，嫌悪 **英知**
成人期	Ⅶ							生殖性 対 停滞 **世話**	
前成人期	Ⅵ						親密 対 孤立 **愛**		
青年期	Ⅴ					同一性 対 同一性混乱 **忠誠**			
学童期	Ⅳ				勤勉性 対 劣等感 **適格**				
遊戯期	Ⅲ			自主性 対 罪悪感 **目的**					
幼児期初期	Ⅱ		自律性 対 恥，疑惑 **意志**						
乳児期	Ⅰ	基本的信頼 対 基本的不信 **希望**							

話が、乳児期や青年期や成人期といった主要な段階から現われる人間的な強さあるいは自我の特質であると考えるに至り、それがたまたま希望、信仰、博愛といった宗教的価値と一致したとしても驚くにはあたらない（それに気づいた時、実際には驚いたとしても）。ウイーンで分析訓練を受けた懐疑的な分析家がこれを読めば、かつてオーストリア皇帝が、新たに建てる華麗なバロック様式の記念碑の設計模型を見せられて、「この左下隅にもう少し信仰と希望と博愛が欲しいね」と厳かに語ったという史話を思い出すだろう。これら証明済みの伝統的価値は、最も高い精神的目標を指し示したものであるが、一方その発生の起源をたどってみれば、それが芽生え始めた最初期から、人間的な強さの発達的基層と何らかの関係をはらんでいたに違いない。したがってこの種のパラレルな関係を他の伝統と言語の間に探ってみることは示唆的であろう。

世代継承的なサイクルについて話をしたときに、私は、「世話」(care) に相当するヒンズー語の用語をスティール・カカールに尋ねたことがある。それにぴったり当てはまる一つの言葉はないと述べた後に彼は、但し成人はダマ（抑　制《レストレイント》）、ダーナ（博　愛《チャリティ》）、ダヤ（同　情《コンパッション》）を実践することで成人としての任務を果たさねばならぬと言われている、と答えた。その時私は、この三つの言葉はちょうど日常英語の、「慎み深いこと」(to be care-ful)、「面倒をみること」(to take care of)、「気づかうこと」(to care for) に当てはまる、と答えることができただけであった (Erikson, 1980)。

さて、ここでもう一度、図式2に示したような、漸成的観点から見た発達段階の継列に目を戻してみよう。本書では、いつものように「最初の発達段階から述べ始める」のではなく、成人期の最後に来る心理・社会的段階から始めようと思うので、それに至るまでの段階全体をざっと再確認しておいたほうがよいかもしれない。人間的強さのリスト全体を見渡してみると、希望と忠誠の間に（主要な発達段階と密接に関連して）意志（will）、目的（purpose）、適格（competence）のステップが仮定され、また忠誠と世話の間には愛というステップが仮定されていることが分かる。しかしこの図式はまた、垂直方向に見た場合には、各々のステップが（英知でさえも）それ以前の全てのステップに根を降ろしていることを示し、一方水平方向に見た場合には、これらの徳の発達的成熟（及び心理・社会的危機）がそれぞれ、より高次の、発達途上にある段階に新たな意味合いを付与するとともに、より「低次」の、すでに発達し終った段階にも新たな意味合いを付与することを示している。このことは何回繰り返しても、言いすぎることはない。

ところで、この漸成的原理が心理・社会的現象の全体的構造《コンフィギュレイション》を描写する際にどんな点でそれほど有効なのか、それは社会的過程を体制化する絶対的な力を身体的過程に与えているだけではないのか？　と疑問を持つ方もおられるだろう。それに対する答えは次の通りである。人生の諸段階は、人格発達という精神的過程と、社会的過程が有する倫理《エシカル》的な力とに依拠し続けるのと全く同じように、生涯にわたって身体的過程と「繋がれた」ままになっている、ということである。

この段階の漸成的性格はまた、ここで用いる全用語の或る言語的一貫性に反映されていると考えることもできる。事実、希望、忠誠、世話という言葉はひとつの内的論理を有しており、この内的論理はそれぞれの段階の発達的な意味を確証しているように思われる。例えば希望は「期待に満ちた願望」(expectant desire)である。この期待に満ちた願望という句は、本能《インスティンクチュアル》的に何かに向かって駆り立てられている漠然とした状態、しかも何らかの確固たる期待を生み出すような諸経験に裏付けられたそれを良く表わしている。それはまた、この自我発達の最初の強さと根源が、基本的信頼対基本的不信という最初の発達的対立命題から現われるという我々の仮説とも一致している。さらに、それが示唆する言語的含蓄について言えば、希望(hope)は跳躍《リープ》を意味する"hop"にも繫っているように思える。ちなみに我々は、プラトンがあらゆる遊戯性の原型を幼い動物の跳躍に見たという事実をしばしば引用してきたのだった。が、それはともかく、希望は、予備的な想像の段階でも、あるいは最初の一歩を実際に踏み出す時でも、期待に満ちた跳躍を促すような自由感(a sense of leeway, 自由な活動空間が在るという感覚)を、予測される未来に対して付与するのである。そしてこのような思い切った企図は、(字義どおりにも比喩的にも)母性的な世話によって培われる信頼感(trustworthiness)、つまり絶望的な不安に押し潰されそうになった時には適切な慰め(ドイツ語のTrost)によって回復される信頼感という意味での、基本的信頼を力にして初めて可能になるものだろう。それに対応して、無援な状態で絶望のサインを発している者を「愛撫」(caress)し「大事に育て」(cherish)たいという本《インステ》能的《インクチュアル》衝動として、世話が現われる。そして、児童期と成人期を繫ぐ青年期に忠誠[8]という強さの出現を仮定できるとすれば、それはこの信頼する能力（そして自分を信頼する能力）の、より高次の水準での再生であり、同時にそこには、（信頼する相手が）信頼に足る存在であるという主張や、自分の忠実性（loyalty）（ドイツ語のTreue）をいかなるイデオロギーの主張にもコミットさせうるという主張が付加されているのである。しかしこのような確固たる忠誠が欠如した場合には、自信のなさや反抗のような一般的な症状的態度、時には、自信の欠如した徒党や主張あるいは反抗的な徒党や主張への忠実な傾倒がもたらされる。このように信頼と忠誠は漸成的に関連をもつだけではなく、言語的にも関連がある。実際にも、重篤な症状を示す青年の中には、初期の「希望」の原基（それがすっかり失われていなければ）を取り戻し、そこから再度前に向かって跳躍するために、最初期の発達段階に半ば意図的に退行する姿が見られる。

信仰、希望、博愛といった普遍的価値に内在する発達的論理を指摘することは、しかし、それらを乳幼児期のルーツに還元しようとすることではない。むしろそれは我々に次のことを熟考することを迫るのである。つまり、人間的強さの出現が、各段階各段階で、いかに本来的に容易ならぬ脆さにつきまとわれているかということ（それゆえに我々は治療的洞察を深めることを不断に求められる）、それだけでなく、この生まれつつある強さが、各段階各段階で、いかに本来的に根本的な害悪に包囲されているか（それ故に普遍的な信念体系やイデオロギーの救済的価値が求められる）、ということである。

こういうわけで、いささか勇気づけられながら、心理・社会的諸段階を提示していこう。前にも述べたが、本書では最後の段階つまり図式の最上段から始めることにする。これは単に方法論的に反対方向から迫るだけでなく、この図式の論理をさらに押し進めて明らかにするためでもある。すでに述べたように、この図式を見る時には、水平方向の欄も垂直の方向の欄も全て、例えば（或る特性の）初期の状態としてあるいは明らかに必然的に生ずる後期の結果として、発達的に相互に深く関連するものとして考えねばならない。しかもこのような考察は、今日、新たな注意と関心を向けることが痛切に必要とされている或るひとつの段階について、深くかつ徹底的に行なうことができるにちがいないと思われる。

最後の段階

老年期における支配的な対立命題及び最後の危機のテーマは、統合対絶望（integrity vs. despair）である。老年期が漸成図式の最上段に、つまり人生行路の最期（それがいつ、どのようにやって来るかは分からないが）に示されているので、（絶望という）失調要素のほうがまず頭に入ってくるが、しかし統合は、この最後の対立命題から熟して生まれると我々が仮定する人間的強さが要請するものと同じもの、つまり英知（wisdom）というひとつの特質を要請するように思われる。我々はこの英知を、「死そのものに向き合う中での、生そのものに対する聡明かつ超然とした関心」と述べてきた。それは、古来の格言の中に表現されているものでもあるが、しかし具体的かつ日常的な事柄に関するごく単純な言葉の中に潜在しているものでもある。そしてこの英知と対をなす不協和特性（antipathic counterpart）は、多かれ少なかれおおっぴらに表明される侮蔑（disdain）であり、これは、齢を重ねるごとに、ますます「御用済み」となり、「途方に暮れ」、「寄るべもなくなる」という状態の中で抱く感情（そして他者もそのような状態にあると見ること）への一つの反応である。

最終段階でのこのような対立や葛藤を理解しようとする前に、発達というもの全ての歴史的相対性、殊にあらゆる発達理論の歴史的相対性について、再度考えてみよう。例えばこの最終の発達段階を取りあげてみれば、我々がそれを理論化したのは我々が「中年期」にある時期であった。自分自身を真に老いた者として想像してみる気持もなければ、その能力もない頃である。それから数十年しか経っていないが、それでも世の中の老年期に対するイメージはすっかり変化した。当時は未だ「長老」という意味をこめたものとして老年期を考えることができた。長寿は少数者に与えられた神聖な贈物であり、かつ少数の人間に課せられた特殊な義務であるとする文化の中で、この発達段階に適わしい務めをもの静かに果たしかつ尊厳ある死に方を知っている少数の賢明な人間、という意味の長老である。しかし今日のように、極めて多数で、急速に増大しつつあり、しかも年齢より相当若く見える単なる「年配者」の集団によって老年期が代表される時代には、上述のような意味をもつ用語が果たして通用するのだろうか？　そしてまた、我々が自分自身の人生の中で、庶民の機知や庶民の知恵として伝えられてきた知識の枠に従って、老年期とはこういうものだ考えてきたものは、この歴史的変化によって放棄されなければならないのだろうか？

老年期の役割を、もう一度観察し直し、もう一度考え直す必要があることは疑いをいれない。しかしそのためにここで我々ができることは、例の図式をもう一度振り返ってみることだけである。それではその図式に戻ろう。図式の水平軸と垂直軸の中で老年期はどのような位置にあるかを見ると、それは年齢的には最後の、上段の右隅にある。この最後の段階の失調要素は絶望である。一方、下段の左隅を見ると、そこには最初の同調要素として希望がある。つまり、（スペイン語でいえば）espera-nza（希望）とdesperanza（絶望）の間に橋が架けられていることになる。事実、いかなる言語にあっても、希望は「私であること」("I"-ness）という最も基本的な特質を内包している。この特質なしには人生が始まることも、意味を持って終ることも在りえない。次に、上段の左隅には空白の欄があるが、そこには、第一列の垂直軸上の上昇に沿って成熟した、希望の最後の形態を表わす語が必要だろう。信仰（faith）という語がそれに相応しいと思われる。

さて、ライフサイクルが最後の段階で再び最初の段階に回帰するとすれば、成熟した希望の骨格の中にも、また様々な信仰（「もう一度幼な子にかえって、幼な子のように成らなければ……」）の中にも、この「希望に満ちていること」をあらゆる人間的特質の中で最も子ども的なものとして確認する何かが残されているだろう。事実、この最後の人生段階は最初の人生段階に大きな潜在的意味を持っているように見える。活力ある文化の中では、子どもは老人との出会いによって、独自な仕方で思慮深さを学ばされる。将来、（誰もがきわめて高齢まで生きるという意味での）長い老年期が（予め予測して計画の中に組み込むべき）「平均的に予想される」経験となる時代が到来した時に、この関係がどのようなものに成っていくのか、また成らねばならないのかは、熟考しておくべき問題であろう。平均的ライフ・スパンの長期化というこのような歴史的変化は、新たな活力ある儀式化を必要とするだろう。そしてこの儀式化は、何らかの明確な「締め括りの感覚」(a sense of summary) と、恐らく、死にゆくことへのより積極的な予期《アンティシペイション》と準備を提供するとともに、人生の始まりと人生の終りとの意義深い相互交渉を提供するものでなければならない。これら全てを表わすものとしても、英知という語は依然として妥当な言葉であろうし、また絶望という語もそうであると思われる。

再び図式の最上段の右隅に戻り、そこから対角線に沿って一段下がると、老年期の前の生殖的段階がある。漸成的なシェーマの中では、「〜の後」ということは、前段階のアイテムが後の段階に相応しい形に焼き直されることであり、決して前の段階のアイテムがなくなることを意味するのではない。事実、老人は、より広い意味での、祖父母的な生殖的機能 (grand-generative function) を保持することができるし、また保持する必要がある。というのも、現代では祖父母と原家族との別居から家族生活の連続性が断ち切られ、それによって (本当の意味で生きていることに必要な) 最低限の生き《い》た関与《がい》 (vital involvement) が老年期に失われてしまっているからである。この生きた関与の欠如は、しばしば、老人が心理療法を受けにやってくる時の顕在的症状の下に隠された、郷愁的テーマであるように思える。事実、彼らの絶望の多くは持続的な停滞感である。このために老人は治療を長引かせようとすることがある (King, 1980)。また、新しい症状は初期の段階への単なる退行と見誤られやすい。特に老人患者が、喪失した時間や抹消された空間を嘆くだけでなく、(図式の最上段の行を左から右に見渡すと理解できるように)弱体化した自律性、失われた自主性、捕らえそこなった親密性、ないがしろにした生殖性、そして生き得なかった同一性の可能性あるいは生き得た同一性のあまりの狭さを嘆く時に、そうである。しかしこれらは全て、前にも述べたように、「発達のための退行」(Blos, 1967)であり、(文字どおり)年齢‐特有の葛藤を解決せんとする一つの試みなのである。

この問題については最後の章でまた触れることにしよう。ここではとりあえず次のことを強調しておきたい。老年期においては、あらゆる過去の特質が新しい価値を帯びること、そしてその価値は、健全なものであれ病理的なものであれ、それ自体として考えてよいもので、その起源との関係だけから考えるべきものではないということである。実存的な言葉で言えば、最終段階では人間は比較的に神経症的不安から解放されているとしても、「生と死」への恐れから放免されているわけではない。それはちょうど、幼児期の罪責感を極めて明敏に理解したところで、各々の人生の中で各々の仕方で経験される悪(evil)の感覚を払拭できるわけではないことや、また心理・社会的同一性を極めて明確に定義し得たとしても、実存的な「私」(I)を他人より先に手に入れることにはならないのと全く同じである。つまるところ、充全に機能する自我は、「私」という意識を排除して統合を行なうことはないのである。そして社会的エトスは、宗教的イデオロギーや政治的イデオロギーがこれまで歴史の中で預言的に描いてきた究極的なパースペクティブを、自らもまた提示するという責任を放棄してはならないのである。

さて、心理・社会的な最終段階の概観に締め括りをつけよう。英知と対をなす不協和特性が侮蔑であるとすれば、この侮蔑は（他のあらゆ不協和特性と同様に）、或る程度まで、人間的な弱さや、堕落や欺瞞の救い難い反復性に対する自然で必然的なひとつの反応と見なすべきものである。事実、侮蔑は、陰にこもった破壊性に堕する恐れのある時、そして多かれ少なかれ隠れた自己‐侮蔑に陥る恐れのある時にのみ否定されるものである。

このような老年期のあり方に内在する最後の儀式化は何であろう？　私はそれを哲学的なもの（知恵を愛するもの）（philo-sophical）と考える。なぜならそれは、心と体の統合の崩壊に曝されながら何らかの秩序と意味を維持する過程で、英知の中に潜む強靱な希望を擁護することができるからである。その対極にある儀式的な危険は、ドグマティズム、つまり不当な権力と結びついた場合には威圧的な正統《オーソドクシー》とも成りうる強迫的な擬似統合（pseudointegrity）である。

それでは、この（老衰前の）老年期に当てはまる最後の心理・性的状態とは何であろう？　私はそれを、部分機能が衰え性器的エネルギーが減退しても、豊かな身体的・精神的経験を育むことのできる感性的モードの普遍化（a generalization of sensual modes）であると考える。（もちろん、このようなリビドー理論の拡大には議論の余地があるので、図式1ではカッコに入れて示した）。

それでは再び、我々がこの最終段階の支配的な同調特性と考えるもの、つまり統合（integrity）に話を戻そう。言うまでもなくこの統合の意味は、最も単純に言えば、一貫性（coherence）と全体性（wholeness）の感覚である。この感覚は、三つの体制化過程全てにおける連鎖の喪失にあらわれるような終局的状況下で、最大の危機にさらされる。身体的過程（Soma）においては、種々の身体組織や血管や筋肉系を結び付ける活性的相互交渉の全体的弱体化、精神的過程（Psyche）においては、過去及び現在の経験における記憶の一貫性の漸進的喪失、エトスにおいては、生殖的相互交渉における有効な機能の急激かつ完全な喪失の危険である。このように見てくると、この段階で必要とされるものは「成全性」（integrality）、つまりものごと全体を一つにまとめておく傾向であると言うことができよう。事実老年期に見られる、過去を振り返ってそれを神話化する傾向の中には、潜在的な絶望感への防衛としての擬似統合という意味を認めることができる（もっともこのような防衛的目的への転換は、図式の対角線上に記された同調特性全てに見られることは言うまでもない）。しかし我々は、人間の潜在的能力は、好条件下にあれば、それまでの発達段階での統合的経験が実を結ぶように、多かれ少なかれ自然に働くことを考慮に入れておかねばならない。それゆえに我々の図式は、垂直軸に沿って現われる統合性の漸進的な成熟を考慮しているのである。

そこで我々が統合なる概念を初めて理論化した時に、これら全てを提示した仕方について、別の観点から考えてみよう。例えばもし老人が或る点では再び子どものように成るのであれば、この「方向転換」は、英知を伴った子ども性への転換なのか、それとも単なる子ども性への転換なのかが問題となる。（老人は極めて早く老い込みすぎてしまうことも、あるいはそう望むこともあれば、逆にあまりにも長く若々しさを保ちすぎることも、あるいはそう望むこともある）。ここでは、何らかの統合感だけが物事を一つに結び付けることができる。ただしこの統合は、個人の人格に備わるひとつの稀有な特質を意味するだけでなく、人間の統合的な生き方を理解しようとする共同的《コミュナル》な傾性、あるいはそれを理解している人の言葉を「傾聴」しようとする共同的な傾性を意味することもできる。それは、素朴な製作物《プロダクト》や言い伝えの中に表現されているような、遠い時代に異なる営みの中で生まれた秩序化の仕方との、同志的連携（comradeship）である。そこにはまた、人生の極めて重要な文脈の中で主要な相互交渉の相手となった少数の「他者」に対する、時間を超えた愛も生まれてくる。なぜなら、個人の人生はただ一つのライフサイクルとただ一つの歴史的局面との偶然の出会い《コーインスィデンス》であり、あらゆる人間的統合は、個人が共有するひとつの共同的な統合様式と生死を共にするものだからである。

世代継承的連鎖：成人期

ライフサイクルがそのサイクルを閉じる最終段階について、本書の文脈の範囲内で言えることはほとんど概観してきたので、私はひとつの「現実的」な段階——ふたつの人生段階を仲介するそれ——と世代継承的サイクルそのものについて詳しく述べる必要性を強く感じている。この切迫した必要感は、死を目の前にした或る老人の話の中に最もよく表現されているように思える。目を閉じて横たわる彼に、妻が囁きかけ、彼を看取るべくそこに集まった家族の名前を伝えると、彼はやおら起き上がって「それでは誰が、いったい誰が店の番をしているんだ?」と尋ねたというのである。ちなみにこの挿話は、ヒンズー教徒が「世界の維持」(the maintenance of the world)(社会の現実的な営みを司ること)と呼ぶ成人性の精神を表現したものである。

成人期の二つの段階、つまり成人期と前成人期(early adulthood)は、青年期と老人期の間に他の下位段階を設けることを排除するものでは決してない。むしろ我々は他の研究者が提起した分類をも考慮しながら、主にこの種のシェーマそのものがもつ一般的論理を伝えるために、我々の結論をここで再度述べようと思うのである。その論理とはつまり、ここで試みている遡行的なレビューに沿って言えば、先行する直前の段階に遡っていく時に、その段階が（すでに述べた）その後の段階にとって発達的に不可欠なものであると仮定する論理である。各々の段階に当てはまる年齢の幅は、あらゆる必要条件を考慮に入れた上で、一つの発達的特質が相対的な優位性《ドミナンス》を獲得し、意義深い臨界期《クライシス》に到達しうる最も早い時期と、それが、発達全体のために、この臨界的《クリティカル》優位性を次の特質に譲り渡さねばならぬ最も遅い時期とによって定義するのが妥当であろう。このような発達的継起を考えると、各段階の年齢幅がやや広くなりうるが、しかし各段階の順序は変わらない。

（我々の考えでは第七番目の段階である）成人期には、生殖性対自己‐耽溺と停滞（generativity vs. self-absorption and stagnation）という重大な対立命題が与えられている。この生殖性は、子孫を生み出すこと（procreativity）、生産性（productivity）、創造性（creativity）を包含するものであり、（自分自身の）更なる同一性の開発に関わる一種の自己‐生殖（self-generation）も含めて、新しい存在や新しい製作物や新しい観念を生み出す《ジェネレイション》ことを表わしている。一方、停滞感は、生殖的活動の活性を失った人たちの心全体を覆うものであるが、しかし極めて生産的かつ創造的な人たちにも決して無縁なものではない。生殖性対停滞という対立命題から現われる新たな「徳」、つまり「世話」は、これまで大切に（care for）してきた人や物や観念の面倒を見る（take care of）ことへの、より広範な関与である。よく見れば、乳児期から前成人期に至るこれまでの発達過程で順次生まれてきた強さ（希望と意志、目的と技術、忠誠と愛）は、次の世代の強さを育むという、この世代継承的課題に全て必要不可欠なものであることが明らかになる。なぜならこれらはまさに人間生活そのものの「蓄《たくわ》え」だからである。

それならば、子孫《プロクリエイション》を生み出すことは、性器期性の単なる副産物ではなく、その先のステップではあるまいかと、かって我々は疑問を提起したことがあった（1980(c)）。しかし、あらゆる性器期的な出会いには何らかの生殖《プロクリエイティブ》器の興奮が伴い、原則的には妊娠に至るので、子孫形成《プロクリエイション》への心理・生理的欲求を無視することはできないだろう。ともかく、（親密対孤立という、ひとつ前の前成人期に獲得された）若い成人の能力、つまり二人の心、二人の体が互いに出会う中で、相互に相手を見出すために自分自身を失う能力は、遅かれ早かれ、相互的な関心の活発な拡大と、彼らが生み出し世話しつつあるものへのリビドー供給に姿を変えていくのである。このような生殖的充実には多様な形態があるが、それらが完全に失敗すると、擬似‐親密性への強迫的欲求という形か、あるいは自己像への一種強迫的な耽溺という形で、過去の段階への退行が生ずる。また、いずれの形の退行にも、深い停滞感がつきまとう。

停滞は、他の全ての段階の対立命題と同様に、この段階の潜在的な中核的病理を表わし、過去の段階の葛藤への退行をもたらす。しかしそれをこの段階‐独自の重要性を持つものとしても理解しなければならない。これは、すでに示唆したように、性的フラストレーションは病因と見なされるが、生殖的フラストレーションは（産児制限という技術的エトスの支配の影響で）病因とは見なされ難い現代では、特に重要である。しかし、フラストレートされた衝動エネルギーの最も優れた使い方は、昇華あるいはより広い方向にエネルギーを適用していくことである。例えば今日では、すでに述べたように、全ての子どもの生活の質的向上に関わる普遍的な世話として新しい生殖的エトスが現われている。このような新しい慈愛（caritas）に動かされて、先進国の人たちは発展途上国の人たちに、避妊具や食料を贈るだけでなく、そこで生まれ落ちた子どもたち全てに、生存のチャンスと充全な発達のチャンスを与える連帯保証をしているのである。

しかしここでは、各人生段階を特徴づける他の現象の中で、集団生活や人類の生存そのものに致命的な影響を及ぼすものについての記述を続けなければならない。もし世話が（すでに述べた他の全ての強さと同様に）、随意に用いうる高度の本能的《インスティンクチュアル》エネルギーを伴った活力ある協和傾向（sympathic trend）の表現であるとすれば、それに対応する不協和傾向（antipathic trend）も存在する。老年期ではこの傾向を侮蔑と我々は呼んだ。生殖性の段階ではそれは拒否性（rejectivity）、つまり、特定の人間や集団を自分の生殖的関心の中に含めることへの嫌悪——つまり彼らの世話をしたくないこと——である。もちろん、人間が（本能的《インスティンクティブ》な）世話を（本能的《インスティンクチュアル》に）洗練していく時、最も「近しい《ファミリアー》」ものを好む（あるいは最も「近しい」ものにし得るものを好む）という意味で、それがきわめて選択的なものになるという事実は、或る意味で避け難いことである。事実、人間は「或る程度、明確な拒否性を有する」という程度まで選択的にならないと、(何物かに対して）生殖的でありかつ世話に満ちている（care-ful）という状態には成り得ない。それゆえに倫理や法や洞察は、その集団における拒否性の許容範囲を定義しなければならないのであり、一方、宗教的並びにイデオロギー的な信念体系が、より広範な共同体単位に対する、より普遍的な世話の原理を唱道し続けなければならないのである。普遍的な慈愛《カリタス》といった精神的概念が、発達的に付与された世話をより拡大して適用することに最終的な支持を与えるのは、ここである。この慈愛によって押しとどめねばならぬものは無数にある。なぜなら拒否性は、家族の生活や共同体の生活の中で、生存と成長という目標に合致しないと思えるものに対する、巧妙に合理化された無慈悲な圧制として現われることがあるからである。例えば自分の子どもに対する身体的あるいは精神的な虐待がそれであり、またそれは、道徳主義的偏見として家族や共同体の中の他の部分に向けられることもある。もちろんそれは、異国の人たちの様々な大集団を「向う側」としてひとまとめに括ってしまうこととしても現われる。(いずれにしても、我々が会う子どもの患者が、どのようにして諸世代の拒否性の焦点となるタイプに成ってきたのか（単なる「拒否的な母親」の拒否の焦点ではなく）、それを明らかにすることがあらゆる事例研究の一つの課題であろう)。

さらにこの拒否性は、周期的かつ集団的に顕在化する可能性を大きく孕んでいる。例えば、他の集団（隣接する集団であることが多いが）との戦争がそれである。戦争の相手となる集団は、領土権の紛争や市場の競合によってのみならず、単にそれが自分たちの種族とは危険なほど異なっていると見えるために、自分の種族に脅威を与えるように思える集団、また、言うまでもなく、このような感情を相互に抱いている集団である。生殖性と拒否性との葛藤は、このように、私が擬似種族化（pseudo-speciation）と名づけた普遍的な人間的傾性の最も強い個体発生的な拠点となる。コンラッド・ローレンツはこれに擬似種族形成（Quasi-Artenbildung）という的確な訳語を当てているが（1973）、それは、他のタイプの人間あるいは他の集団の人間は、本性、歴史、あるいは神の意志によって、自分たちの種族とは異なる種族であり、人類そのものにとって危険なものであるという確信（及びそれに基づく衝動と行動）を指している。[6] この擬似種族化が、一方では最善かつ最も真実な忠誠とヒロイズム、協同と創意を引き出しながら、一方では種々の種族（human kinds）をして相互的な憎悪と破壊の歴史に関与させてきたということは、人間の最も深いディレンマのひとつである。人間の拒否性の問題はこのように、個々人の心理・社会的発達のみならず種族の生存にとっても広範な関わりあいを持っている。しかも拒否性を単に抑止しただけでは、自己‐拒否が生じてくる恐れが充分にあるのである。

さて前に約束したように、各々の段階に特有の儀式化の形態を述べておかねばならない。成人は次世代の目から見てヌミノース的なモデルとなり、悪の審判者と理想的価値の伝達者に成らなければならない。したがって成人は、自分が儀式化を施行する者（ritualizer）であることに関する儀式化を行なう必要にも迫られる。儀式化‐施行者としての役割を儀式的に裁可し強化することが、古来から必要とされ習慣とされてきたのも、このような理由からである。ところでこれら成人の儀式化の要素全体は、単純に生殖的な要素と呼ぶことができよう。この要素には、親であるとともに教える者であり、産み出す者であるとともに癒す者でもあるという補助的儀式化（auxiliary ritualization）が含まれている。この成人期に潜在的にはびこる儀式主義は権威至上主義（authoritism）、つまり権力そのものを経済生活や家庭生活の支配のために非寛容的かつ非生殖的に用いることである。もちろん、真正の生殖性は真の権威性を適度に内包していることは言うまでもない。

成熟した成人期は、しかし、前成人期から現われ出てきたものであり、さらにこの前成人期は、心理・性的に言えば、真の親密性のリビドー的モデルとしての、青年期後期の性器的相互性を依りどころに成立しているものである。成人期に至るまでの危険なほど長い期間を経た後に現われる、この他者の身体や気質との出会いには、それぞれの個人に存在証明《ベリフィケイション》を与える、測り知れぬほど大きな力が満ちている。

青年期の同一性感覚の探究を潜り抜けてきた若き成人たちは、今度は自ら進んで（むさぼるように）彼らの同一性を相互の親密性の中で融合させ、仕事や性愛や友情の中で相補的な関係を確実に持ちうる個人たちと、その同一性を共有するようになる。「恋に落ち」たりねんごろになったりすることもしばしばあるが、しかしここで問題となる親密性は、意義ある犠牲や妥協を要求することもある具体的な提携関係（affiliations）に自分を投入する能力を指している。

親密（intimacy）に対する心理・社会的な対立命題は、孤立（isolation）、つまり、誰からも離れ、「誰からも目を向けられぬ《アンレコグナイズド》」状態にあることへの恐怖である。この恐怖は、「我」-「汝」の経験――実存の最初期を特徴づけたそれと同種のものであるが、むろんこの時期には性器的に成熟している――の儀式化（恍惚状態を伴うそれ）への深い動機づけとなる。孤立感は、それゆえに、成人期初期の潜在的な中核的病理を成すものである。例えば提携関係が二人だけの孤立（isolation a deux）となった場合には、二人のパートナーは生殖性の発達という次の段階の重要な発達に直面することができなくなってしまう。しかし孤立の孕む最大の危険は、同一性の葛藤が退行と敵意をまじえて再燃すること、及び、退行しやすい条件が備わっている場合に、原初的他者との最初期の葛藤に固着することであろう。これは「境界例」の病理として現われることがある。この親密と孤立の対立の解決から現われるものが、愛、すなわち男性・女性という分割された機能や役割から必然的に生ずる対立関係を解決しうる、成熟した献身の相互性である。

若き成人の親密性と対をなす不協和特性は排他性（exclusivity）である。これは形態においても機能においても、次の成人期に現われる拒否性と密接に関連している。或る程度の拒否性が生殖性には必要不可欠であるように、或る程度の排他性も親密性には不可欠である。そして両者ともに、極めて破壊的に、また自己-破壊的になることがある。なぜなら、なにものも拒否し得ない、あるいはなにものも排斥し得ないという無能力は、極端な自己-拒否と自己-排斥に行き着かざるを得ない（あるいは極端な自己‐拒否と自己‐排斥の結果としてしかあり得ない）からである。

親密性と生殖性が密接な関連を持っていることは言うまでもない。しかし、まず最初に親密性が、提携的な儀式化――この儀式化が、しばしば極めて特異的な振る舞い方や話し方によって堅く結ばれた内集団としての生き方を培うのだが――を提供しなければならない。なぜなら親密性は、心理・社会的進化における、形としては把え難いが広範囲に浸透する或る力の守護者の役割を取り続けるからである。この力とは、共同的かつ個人的な様式（style）の力であり、この様式の力が、他者と共有する或る生活パターンに対する確信を与え、かつそれを要求し、集合的な親密関係の中にあっても何らかの個人的同一性を保証し、ひとつの生産様式に対する一致団結した集団的コミットメントをひとつの生き方にまとめ上げていくのである。これらは少なくとも発達なるものが原則として方向づけられる最終目標であるが、しかし一方ではこの発達段階そのものが、異なる背景を持つ人たちが各々が馴染んだ習慣的方法を融合させて、ひとつの新しい環境を自分たちと子孫のために作らねばならぬ段階にもなっている。この新しい環境とは、社会的慣習の（漸進的あるいは急激な）変化を反映する環境、歴史的変化がもたらしつつある支配的な同一性パターンの変化を反映する環境である。

この前成人期の諸儀式化を非生産的に戯画化する儀式主義はエリート意識（elitism）であり、これが、一つの生きた様式によるよりも「上流気取り《スノッブ》」によって特徴づけられるあらゆる種類の徒党や一族を生み出すのである。

青年期と学童期

さて発達段階をさらに遡っていこう。若き成人が示す傾倒《コミットメント》の信頼度の高さは、青年期における同一性を求める格闘がもたらしたものに大きく依拠している。漸成的に見れば、言うまでもなく、仕事や愛情における頼もしいパートナーと出会い、その信頼度を充分に確かめるまでは、誰も、自分が誰で「ある」かを本当に「知る」ことはできない。しかし基本的な同一性のパターンは、(1)幼・児童期における個人の様々な同一化の中から、選択的に、或るものは肯定し、或るものは拒絶することから現われ、そして、(2)その時代の社会的過程が若者たち一人一人を認証する仕方《アイデンティファイ》——最善の場合には、彼らを、そうなるべきであった人間として、また現在の姿のままで信頼しうる人間として認証する《レコグナイズ》のだが——から現われてくるものであろう。一方共同体は、そのような共同体の認証を得たいと思う個人によって、共同体自体が認証されたと感じるのであるが、しかし逆に、社会に認められようとは思わぬ個人によって、社会自体が深くかつ恨みを込めて拒否されたと感じることもある。このような場合に社会は、共同性を探究する際に（例えば暴力団《ギャング》への忠誠にそれを求めるといった）不幸な探究に走った多くの若者たちを、懐の中に抱え込むことも吸収することもできずに、彼らに対して軽率に悪の烙印を押してしまうのである。

同一性の対立命題は同一性の混乱（identity confusion）である。この混乱自体は明らかに標準的《ノーマティブ》かつ必然的な経験であるが、しかし病理的退行を助長する中核的障害、あるいは病理的退行によってさらに悪化する中核的障害を惹き起こすこともある。

同一性という心理・社会的概念は、個人の心理学の中核概念である自己といかなる関係にあるのだろうか？　すでに指摘したように、同一性という遍在的な感覚は、幼・児童期に経験してきた変化する多様な自己像（そして青年期に劇的に再演されるそれら）と、若者たちに対して選択と傾倒のために提供される様々な役割機会とを、徐々に調和させていくものである。一方、自己という永続的な感覚は、意識的な「私」というものの継続的経験なしには存在し得ない。この意識的な「私」は、実存のヌミノース的中心、一種の実存的同一性とも言うべきものであり、これは（老年期を論ずる際に記したように）「最後」には心理・社会的な同一性を次第に超えていくものである。それゆえに青年期には、宗教的、政治的、知的等、あらゆる種類のイデオロギー的価値に対する熱烈な関心だけでなく、鋭敏な実存感覚（束の間のものではあっても）が潜んでいるのである。もっとも彼らが信奉するイデオロギーは、時には、その時代の適応と成功のパターンへの適応、というイデオロギーである場合もあり、この場合には往時の青年期を特徴づけた激動が、奇妙なことに休火山状態にとどまることになる。が同時にまた青年期は、老年期に入って初めて「成熟する」ような、実存的なものへのひたむきな関心を胚胎していることも確かなのである。

青年期に出現する独自の強さ、つまり忠誠は、幼児的な信頼と成熟した信仰の双方と強い絆で結ばれている。忠誠は、誰かに導いてもらいたいという欲求を、親的人物から賢明な助言者《メンター》や指導者に向け替えたものなので、或る「生き方」に潜在するイデオロギーであろうと、明確かつ戦闘的なイデオロギーであろうと、それらのイデオロギーを彼らに伝える仲介者としての助言者や指導者を熱心に受け入れる。この忠誠と対をなす不協和特性は、役割拒否（role repudiation）である。つまり、同一性の形成に役立つと思える役割や価値と、自己には異質なものとして抵抗し戦わねばならぬ役割や価値とを峻別しようとする、積極的かつ選択的な衝動である。この役割拒否は、同一性を獲ち取る可能性があってもぐずぐずしていたり気後れしたりといった自信の欠如（diffidence）という形で現われることもあれば、一貫した反抗（defiance）という形で現われることもある。第三の最後の形態は、否定的同一性（negative identity）（同一性の背後に常に存在するものでもあるのだが）への逸脱的な傾斜である。この否定的同一性は社会的には受け入れられぬが、しかし頑強に強化《アファーム》された同一性の諸要素が組み合わさったものである。社会的環境がこれらに対して実行可能な他の生き方を一つも提供できないと、これらは全て、「私」の感覚に関する最初期の経験をめぐる葛藤への、突然の、ときには「境界例」的な退行にまで行き着くことがある。この退行は、自己‐再生への絶望的な試みである。

もっとも、同一性の形成は或る程度の役割拒否なしには不可能である。身近かにある諸役割が、若者個人の同一性の統合の可能性を脅かすところでは特にそうである。役割拒否はつまり、個人の同一性の境界を定めることに役立ち、少なくとも実験的な忠誠（loyalty）を喚起し、この実験的忠誠がやがて適切な儀式化や儀式によって永続的な提携関係へと「固め《コンファーム》」られ変容していくからである。この或る程度の役割拒否は、社会《ソシエタル》構造的過程の中でも無視できぬものである。なぜなら、変化する環境に対する継続的な再適応は、「状況」への「適応」を拒否する忠誠なる反逆者、儀式化の健全さ（who-leness）を復活させるために怒りの種を撒く忠誠なる反逆者の助けがあって、初めて維持できることが多いからである。それなしには心理・社会的進化は死に瀕するだろう。

まとめて言えば、同一性形成の過程は徐々に生成するゲシュタルト（evolving configuration）として現われてくる。生まれつきの体質、独自のリビドー欲求、恵まれた才能、種々の重要な同一化、有効な防衛、効果的な昇華及び一貫した諸役割、を徐々に統合する一つのゲシュタルトである。しかしこれらは全て、個人の潜勢力と、技術的な世界観と、宗教的または政治的なイデオロギーの相互の適応の中から初めて現われてくるものである。

青年たちが初めて同輩仲間との相互交渉を儀式化して小集団の儀式を創り出そうとする際に示す策《シフ》

略《ティネス》好きのために、この段階に自発的に現われる儀式化が、人を驚かせたり、当惑させたり、苛立たせたりする様相を呈することがあることは言うまでもない。しかし彼らは同時に、競技場や演奏会場での公的な行事、さらには政治的並びに宗教的な活舞台における公的行事への参加や関与を学び始めている。これら全ての中で若者たちは、一種のイデオロギー的な認証を求めていると見ることができる。またここでは自発的な儀礼と公的な儀式が融合しているとも言える。しかしこの種の認証への求めは、一方で、トータリズム（totalism）的な色彩を帯びた好戦的儀式主義への狂信的な参加につながることがある。このトータリズムとは、極めて幻想的で、それ故に自己革新の力もなく、破壊的色彩を帯びた狂信にも成りうるような世界像を絶対化することである。

青年期や、後期学童期及び大学在学期という極めて長期化した見習い期間は、心理・社会的モラトリアムと見ることができる。性的にも知的にも成熟に達するが、最終的なコミットメントの延期を認可されている期間である。それは性役割の実験を含む役割実験のための比較的自由な活動空間を提供するのだが、これは社会自体の適応的な自己‐革新にも極めて重要な意味をもっている。一方、初期学童期は心理・性的なモラトリアムである。なぜならこの時期は、幼児性欲が休止し、性器的成熟が延期されるという、精神分析の「潜伏」期と一致するからである。将来配偶者となり親となる人間は、まずここでその社会が提供する何らかの形態の学校教育を受け、将来の労働に必要な技術的及び社会的な基本原理を学習する。我々はこの時期に、勤勉性対劣等感（industry vs. inferiority）という心理・

社会的危機が生ずると考えてきた。勤勉性とは、道具の世界の法則に適応し、計画され予定された手続きの中での協同のルールにも適応した、適格《コンピテント》な活動ができるという基本的感覚である。さらに、この時期の子どもは、遊ぶことを愛するとともに、学習することを愛することを学び、しかも生産のエトスと一致した技術を最も熱心に学習することを学ぶと言える。種々の勤労役割（work role）に関する一定のハイエラーキーは、現実の理想的モデルや神話的な理想的モデルを通して、遊びつつ学ぶ子どもの想像の中にすでに入り込んでいるのだが、学童期になるとこのモデルは、教える立場にある大人や、伝説や歴史やフィクションの中のヒーローの中に現われてくる。

勤勉性の感覚の対立命題として我々は劣等性の感覚を仮定してきた。この感覚もまた一つの必然的な失調感覚である。それは本来は自分の力を精一杯出そうとする努力を促すものであるが、一方では何かをうまく成し遂げられぬ子どもの活動意欲を（一時的に）麻痺させてしまうこともある。しかしながらこの段階の中核的病理としてみると、劣等性は極めて質の悪い葛藤を内包し、子どもを極端な競争に駆り立てるか、さもなければ退行させることがある。この退行は幼児‐性器的・エディプス的葛藤の再現であり、それ故に子どもは、身近かにいる援助的人物との現実の出会いよりも、葛藤に関わる人物についての空想に耽ることになる。この段階に発達する基本的な強さは適格性（competence）である。成長過程にあるこの時期の子どもの中では、事実性（factuality）を確かめ、それに精通《マスター》する方法や、同一の生産状況の中で力を合わせる人たちを実際に動かす現実（actuality）を共有する方法が成熟しつつあるが、これらの方法全てを子どもの中で徐々に統合していく働きをする感覚が、この適格性なのである。

さて我々はこれまで、心理・社会的諸段階の継列と諸世代の継起という文脈の中で、本能《インスティンクチュアル》的諸力と有機体的様式との関係を説明しようとしてきた。またその中で主としていくつかの発達の原理を強調してきた。発達段階の正確な数やそこで用いた全ての用語について、その正しさをここで主張するつもりはないが、それらの発達的原理を学際的に認識することが、それを理論化した当時では、我々にとってきわめて重要なことに思えたのである。そして現在でも、（今まで言及することを避けてきたが）我々の図式を全体的に確証するためには、明らかに、なお多くの学問領域の助けが必要である。

心理学的な側面について言えば、例えば認知的成長によってもたらされる、ものごとを検証する力の発達が、各発達段階に沿って、事実的世界との的確で概念的な相互交渉の能力を高めかつ拡大していくのであろう。これは確かにハルトマン（1939）の言う、必要欠くべからざる「自我装置」である。従って、ピアジェの言う知能の「感覚 - 運動」的側面と乳児期の信頼感との関係、「直観的 - 象徴的」側面と遊びや自主性との関係、「具体的 - 操作的」遂行と勤勉性の感覚との関係、そして「形式的操作」や「論理的操作」と同一性の発達との関係をたどってみることは有益かもしれない（Greenspan,

1979を見よ)。ピアジェは、我々が以前に開いた学際的な会合で、ここに略述したようなことを私が述べた時、それに辛抱強く耳を傾けた後、彼の発達段階と我々のそれとの間には少なくとも何の矛盾も見出せないと述べた。グリーンスパンによれば「ピアジェはエリクソンがフロイト理論を心理・社会的様式に拡大したことに深く共鳴している」(1979) という。そして彼はピアジェの次のような文章を引用している。「エリクソンの発達段階の大きなメリットは……フロイト的な種々のメカニズムを、(歩く、探索する等の) より一般的な行動類型の中に位置づけることによって、先行段階で獲得されたものが、後続の諸水準で継続的に統合されていくことを仮定しようとしたことにある」(Piaget, 1960)。

勤勉性 (industry)、つまり学童期に経験される適格な熟達感 (sense of competent mastery) と対をなす不協和特性は、不活発 (inertia) である。これは個人の生産的な活動を麻痺させる恐れを常に有し、また、言うまでもなく、前の段階における制止、つまり遊びの制止と宿命的な関係を持っている。

学齢前期

幼・児童期の諸段階についてはすでに、漸成、前性器期性、儀式化との関係で論じてきた。残されているのは、諸段階の対立命題と不協和特性に関するまとめの論述だけである。

自主性と罪悪感という対立命題が臨界《クライシス》に達する遊戯期にもう一度戻ってみよう。これまでも述べたが、遊戯性（playfulness）は、これから到来する全ての段階におけるひとつの本質的要素である。エディプス的なもつれが、親的人物に対する子どもの関わり方に強度の自主性の制限を強いる時、幼い個人の中で成熟しつつある遊びは、彼を無数の想像上の同一化や活動という小領域における劇化に向かって解放する。遊戯期はさらに、明確に定義された勤労役割を伴う学童期が到来する前に、そして様々な同一性の可能性を実験する青年期が到来する前に、「出現」することにも注意しておきたい。エディプス劇――神話として、なかんずく完成された舞台演劇として、人間の遊戯性があらゆる芸術において一生涯大きな力を持ち続けることを最も明確に例示する、このエディプス劇——の起源を幼児期に求めようとすれば、その起源がこの遊戯期に帰せられるということは、決して偶然ではない。他者だけでなく自分自身をも笑うという、人間だけに贈られた才能、つまりあらゆるユーモアの感覚も、この遊戯性に根源を有していると言える。

こうして見てくると、遊戯期においては制止(inhibition)が自主性と対をなす不協和特性であることが明らかになってくる。この制止は、人間という遊戯的かつ想像的な生き物においては、自主性に必ずつきまとう、ある意味で必然的な対であるが、しかしそれはまた、葛藤に満ちたエディプス期に根源を持つ後年の神経症的障害(ヒステリー等)の中核的病理ともなる。

遊戯期に先行する段階は「肛門期」的な葛藤段階、つまりそもそもは強迫神経症における幼児期の「固着」点として見出された時期である。心理・社会的にみるとそれは自律性対恥、疑惑(autonomy vs. shame, doubt)という危機を有する段階であり、その解決から意志(will)が現われてくる。この段階をその前の段階と後の段階の間に位置づけてもう一度見直してみると、これまで自主性として述べてきたものが、口唇・感覚的な依存から、なんらかの肛門‐筋肉的な自己《セルフ》‐意志《ウイル》と、或る程度確実な自己統制への決定的飛躍なしには発達し得なかったであろうということが、発達的に「筋道の通った」ものとして見えてくる。我々は前に、子どもが我《ウィ》がまま《ルフル》な衝動性と奴隷的な強迫性の間を行きつ戻りつすることがあることを示した。つまり、反抗的な衝動に完全に身を委ねて誰にも依存していないかのように振る舞おうとする時と、他者の意志を自分自身に強制《コンパルション》して再び依存的になる時があることである。この二つの傾向の均衡をとるために、芽生え始めた意志の力が、自由な選択と自己‐抑制の成熟をともに助けるのである。人間はこのように早くから、可能なものを意志的に欲し《ウィル》、不可能なものを（意志的に欲するに値しないものとして）断念し、必然性と法によって避け難く降りかかってくるものを自ら意志的に欲したものと信ずることを、学ばねばならない。いずれにしても、この時期を支配する（把持と排泄という）二重の様式に沿って、強迫性と衝動性が、意志と対をなす不協和特性となり、この二つがともに悪化して絡み合った場合には、意志の働きを麻痺させることになる。

さてこれまで発達の順序を逆にたどって見てきたわけだが、こうして見た場合にも、幾つかのステップを踏んでこのように成長するものが、ひとつの漸成的な全体的調和《アンサンブル》を成していること、その調和の中ではいかなる段階もいかなる強さも、その初期の萌芽、「自然に訪れる」臨界期《クライシス》、後の全ての段階におけるその潜在的再生の機会を逸していないことが明白になったであろう。例えば乳児期における希望はすでに意志性《ウィルフルネス》の要素を備えていると思われるが、しかしその要素は、未だこの段階では、幼児期初期に意志の発達の臨界期《クライシス》が訪れる際に降りかかるであろうような試練《チャレンジ》には耐えられないものである。一方、漸成図式の「最後の線」を見れば、乳児の希望は、徐々に成長してやがて信仰《フェイス》と成る何らかの成分をすでに有していることが示唆されるであろう――もっともこのような考えは、乳児期の熱狂的な礼賛者以外にはなかなか同意してもらえそうもないが。さらにはまた、「老子」という名前は「老いた子ども」という意味であるが、それは白い顎髭を生やした新生児を暗示しているのではなかろうか？

希望は基本的信頼対基本的不信の葛藤から現われてくると我々は述べた。希望はいわば純粋な未来である。発達初期から不信が優勢なところでは、未来への期待《アンティシペイション》と予期は認知的にも情緒的にも衰退してしまう。しかし希望が優勢なところでは、この未来への期待と予期は、すでに示した如く、原初的他者のヌミノース的イメージを後の段階に伝えていく機能を担う。それは、中間の諸段階での多様な形態を経て、最終的には、究極的な他者との出会い（いかなる精神の高揚の中で生じるものであれ）や、失われた楽園を永久に取り戻せるというおぼろげな約束にまで、ヌミノース的イメージを伝えていくのである。同様に、自律性と意志も、勤勉性や目的とともに、ひとつの未来に向けられている。すなわち遊びや予備的な労働の中に見られる、自分が生きる経済的、文化的、歴史的な新時代さえも選択しうるような（幻想的な）未来である。しかし青年期における同一性と忠誠は、或る価値と或る行動を明確に結びつけた選択にコミットし始めねばならない。青年時代は、自分の手に入る有効なイデオロギーと手を結んで、多種多様な「救い」と「断罪」の可能性を思い描くことができる。前成人期の愛は、自分ができそうなことと自分が世話できそうなものの双方に関する夢によって生気を吹き込まれる。しかし成人期の愛と世話になると極めて危機的な中年期の要素が現われてくる。つまり、運命的にあるいは自分自身ですでに非可逆的に選択した諸条件によって、これからできる選択の幅が狭まるという兆候である。この時期になると、諸条件、境遇、提携集団《アソシエイションズ》が、その個人の「一回限りの人生における一回限りの」現実に成ってくる。かくして、自分が非可逆的に選択したもののあるいは運命によって選択せざるをえなかったものを、一生涯世話をし続ける方法に、他者と共同で専念するものになる。その歴史的時点の技術的条件の範囲内でそれを大切に世話し育むためである。

徐々に、そして新たな活力が現われるたびに、新たな時間感覚が、非可逆的な同一性の感覚を伴って出現してくる。自らがそうあらしめたものに徐々に成っていきながら、人は最終的に自分がこれまであったものに成っていくのである。リフトン（1970）は、生き残るということはどういうことなのかを広い範囲にわたって明確化しているが、成人期にある人間は、生み出す者《ジェネレイター》自身よりも、生み出された者のほうが長く後に生き残るということも（ライオスのように）認識しているに違いない。しかしこれらがいつも全て意識的なものだというわけではない。むしろ全体として見ると生殖性の段階は、停滞感という脅威的な感覚が食い止められていれば、死を無視することが最高度に認可されているという特徴を持つ段階のように見える。青年時代は、その時代独自の仕方で、成人期よりも死を意識している。一方成人は「世界を維持すること」に忙しいとはいえ、宗教や芸術や政治の壮大な儀式に関与してはいるのだが、しかしこれらの儀式は全て死を神話化し儀礼化しているものであり、いわば死に儀式的な意味を与え、死を極めて社会的なものにしているのである。青年時代と老年期は再生を夢見る時期であるが、成人期は生み出された現実のものの世話に忙殺され、しかもその見返りに、時間《タイムレス》を超越した荒れ狂う歴史的現実、という独自の感覚を与えられている。この感覚は非存在（non-being）の影を拒絶しているので、若者や老人にはむしろ非現実的に思われる感覚であろう。

さて、読者はそろそろ図式1の各カテゴリーの説明をもとめておられるかもしれない。各々の心理・社会的段階には、心理・性的段階（A）と、発達に伴って拡大していく社会的範囲（social radius）（C）の欄が設けられ、その間に中核的な危機（core crisis）の欄が置かれている。この発達的岐路《クライシス》に立った時に、（基本的信頼（I）から統合（Ⅷ）に至るまでの）同調的ポテンシャルの発達が、（基本的不信（I）から老年期の絶望（Ⅷ）に至るまでの）失調的な対立命題のそれを凌駕しなければならないのである。各々の危機の解決は（希望から英知に至るまでの）基本的な強さあるいは自我特性（ego quality）の出現をもたらす（D）。しかしこのような協和的な強さは、それと対をなす（引きこもりから侮蔑に至るまでの）不協和特性を伴っている（E）。同調的ポテンシャルも失調的ポテンシャルも、また協和的ポテンシャルも不協和的ポテンシャルも、ともに人間が適応していく上で避けがたいものである。なぜなら人間は、動物のもつ発達の運命、つまり、肯定的反応と否定的反応を明確かつ生得的に区別しうるような、限定された自然環境への本能《インステインクテイブ》的適応に従った発達の運命を持っていないからである。むしろ人間は、長い幼児期の間に、技術も様式も世界観も大きく異なる多様な文化的環境に適応すべく、愛と攻撃に関する本能《インステインクチュアル》的反応パターンを発達させるように導いてやらねばならない。もっともこれらの技術や様式や世界観は各々ハルトマン（1939）が「予測可能な平均的」環境と呼ぶものを支えるものなのであるが。しかし失調傾向と不協和傾向が同調傾向と協和傾向よりも優勢となる時には、（精神病的な引きこもりから老年期のうつ病に至る）特定の中核的病理が現われるのである。

通常、自我の統合と共同的エトスはともに手を組んで、おおむね同調傾向や協和傾向を支えるものであるが、しかし同時に失調傾向や不協和傾向を、多種多様に変化しうる人間のダイナミックスの中に包み込み調和させようとする。しかし失調傾向や不協和傾向は常に個人と社会の秩序に脅威を与えるので、（宗教、イデオロギー、宇宙論といった）包括的な信念体系は、協和的な人間的傾向を、優れた「インサイダー」たちには誰にでも見られるものだと喧伝することによって、その傾向の普遍化を図ろうとするのである。一方、このような信念体系は、「礼儀・作法や習慣、道徳的な態度や理想を現実に動かす」その体系のエトスが、日常生活の中で年齢特有の儀式化や発達段階に相応しい儀式化（G）を通して伝達されていく過程で、各個人の発達の本質的部分のひとつにもなっていく。つまり信念体系は、（ヌミノース的なものから哲学的なものに至る）包括的な諸原理を再生するために、（個々人の）成長のエネルギーの助けを借りるのである。しかし自我とエトスの活力ある結び付きが失われると、これらの儀式化には、活力を弱める儀式主義（偶像崇拝からドグマティズムに至るそれ）に退落する危険がでてくる（H）。このふたつは相互に密接に絡み合った発達的ルーツを有するので、個人の中核的障害と社会的な儀式主義の間には或る力動的な親縁性が存在することになる（EとHを参照）。

新しく生まれた個人は、このように（宇宙的な秩序から、法的、技術的なそれを経て、イデオロギー的な秩序等に至る）社会的秩序の諸原理の論理と強さを、受け入れ内面化していく（F）。そして、発達のための好条件を与えられれば、それらの原理を次世代に伝達するレディネスを育んでいくのである。このことは全て、発達と回復のために人間の中にすでに内蔵された本質的ポテンシャルのひとつと考えねばならない（日々の臨床経験と一般的観察の中では、個々人の中にある未解決の危機という症状と、儀式主義的解体という社会的病理に直面することが多いのではあるが）。

このように考えていくと、本書ではこれまで触れなかったもうひとつの相補的な研究領域、つまり共同性の政治《ポリティックス》を支える制度的な構造とメカニズムを含む領域に入り込んでくる。確かに我々はこれまでも個人の発達と社会の構造とを繋ぐ連鎖として、日常生活の儀式化を考えようとしてきた。それらの「政治《ポリティックス》」は、親密な社会的相互交渉に関する記録や事例研究の中に容易に見出せるものであった。我々はまた、その過程で、信頼と希望から生まれる特定の強さを宗教に関連づけ、自律性と意志から生まれるそれを法に、自主性と目的から生まれるそれを芸術に、勤勉性と適格性から生まれるそれを技術に、そして同一性と忠誠から生まれるそれをイデオロギー的秩序に、それぞれ関連づけてきた。しかし、エリートや権力集団だけでなく、指導的立場にある個人が、所与の社会体系と時代の中で、生産と政治に関わる生活の包括的エトスを、どのように維持しようとするか、再生しようとするか、あるいは変革しようとするか、さらには、彼らが成人の中にある生殖的ポテンシャルや子どもの中にある成長と発達へのレディネスをどのように援助しようとするかを考えようとすれば、我々は社会科学の助けを求めざるをえないのである。私自身が私の著作の中でできたことは、マルティン・ルターとモハンダス・ガンディーという二人の宗教的・政治的指導者の生涯と、その生涯における危機的な段階に接近する一つのアプローチを示唆することだけであった（1958, 1969）。この二人こそは、自分自身の個人的葛藤を、同時代人の大きな集団の生涯における精神的並びに政治的な再生の方法に転換し得たのである。

ここまで来ると心理・歴史的な研究になってくるが、しかし本書の結論としては、精神分析的方法が心理・社会的洞察からどのようにして利益を得ることができるか、また逆に心理・社会的洞察に寄与しうる観察をどのように提供できるか、について簡単に触れることが最も適切であろう。ここで我々は再び本書の出発点で述べた問題に立ちかえることになる。

四　自我とエトス：結語

自我防衛と社会的適応

『自我と防衛機制』の中でアンナ・フロイトが取り上げたものは、「もっぱらひとつの特定の問題、つまり、自我が不快と不安を回避し、かつ衝動的行動や感情や本能的衝迫を統制するために用いる方法と手段」(1936, p.5) であった。抑圧や退行、否認や反動形成といった、至るところに見られる様々な防衛が、もっぱら内的経済の現象として扱われたのもそのためである。一九七三年の二月(『自我と防衛機制』の出版から三七年目にあたるが)、フィラデルフィアでこのアンナ・フロイトの著作をめぐる公開討論会が開かれた際、防衛機制のもつ社会的・共同的な意味について論じられたことがあった。そこでは、防衛機制は、深い相互関係を有する人々によって共有されるものであり、それ故に彼ら個々人の生活及び共同的な生活の中で一つの生態学的な価値を持っているのではないか、ということが問題になった。

アンナ・フロイトの著作の中にもそのような可能性を明確に示唆する文章が幾つかある。最も明白なものは、言うまでもなく、個人に見られる或る種の防衛機制と共同体の壮大な儀式に見られる防衛との類似性である。例えば「攻撃者との同一化」を取り上げてみよう。何らかのさし迫った理由から幽霊を怖がるようになった幼い少女が、彼らが大広間で見た幽霊と同じような奇妙な格好をして、逆に幽霊を脅かそうとする例である。「子どもたちがゲームの中で、恐怖感を抱いている対象そのものに変身し、それによって不安を心地よい安定感に変える」(A. Freud, 1936) こともこれに当たる。同様のことは、あらゆる文化の歴史に見られる次のようなこと、つまり極めて攻撃的な形をとって悪魔そのものに扮することによって「悪魔払いをしようとする原始的な方法」についても言える。

アンナ・フロイトはまた、或る学校での次のような観察を報告している。近代化を図って「学級全体の一斉授業」を減らし、「自発的選択に基づく個別的な学習」(A. Freud, 1936) に重点を移す方向に教育方法を（我々の言い方をすれば）再儀式化《リ・リチュアライズ》した時に、それまでは極めて有能で評判も良かった多くの子どもが、すぐさま、怖けづいて身動きできなくなってしまうような、新たな、しかし明らかに防衛的な行動を現わしたというのである。彼らの適応性の高さが、学校の要求するものの変化によって危機に晒されたように見えたという。このような共有された防衛は（もちろん厳密には個々人がその種の防衛を働かせたのだが）、もし学校がその種の儀式化の変更を中止すればすぐさま消失するものであろうとアンナ・フロイトは示唆している。しかしこの種の共有された防衛が、長い間に習慣化され、個々人のパーソナリティや生涯のみならず集団のエトスをも永続的に変化させるとしたら、この社会的メカニズムをどのように考えたらいいのであろう？

最後に、例えば思春期における知性化のような、青年期的な防衛機制のもつ社会的な意味について再度考えておいてもよいだろう。知性化とは、観念への過剰な耽溺と見えるものである（当時のウィーンにあっては「外界に革命を起こすことを要求すること」もこの観念に含まれていた）。アンナ・フロイトはこれを、「彼ら自身のイドから出された新たな制度的要求の知覚」に対する防衛、つまり内的・本能的な革命に対する若者自身の防衛であると解釈する。もちろん、心理・性的な側面から把えればそう言えるのだろう。しかし、この段階の認知的な成長の結果として、またその時代を特徴づける知的なエトスの儀式化を適応的に取り入れた結果として、このような知的防衛が思春期に現われ、かつ共有されるのだと考えることもできる。社会構造的な過程は、周期的におこる行き過ぎをも含むこれらの青年期的な諸過程を、変化しつつあるエトスへの再適応のために容認し、かつそれを力にしなければならないのである。

このように見てくると、防衛機制はそれが封じ込めねばならぬ個人の本能的衝迫に対応して形成されるだけではなく、それが比較的うまく機能しているところでは、個々人、諸家族、ひいてはより大きな集団単位の、儀式化された相互交渉の重要な部分として共有される、あるいは対置《カウンター・ポイント》されるものであることが分かる。しかしこの防衛機制が弱体化し、硬直化し、個人を孤立化させるものになると、それは個人化され内面化された儀式主義と同じようなものになってしまうのである。

アンナ・フロイトは、彼女自身の教師としての経験と同時に、「強迫的な両親のもとで育った強迫的な子どもは、模倣あるいは同一化を通して強迫的な機制を用いるのか、それとも彼らは両親と同じような強度の加虐的傾向から生ずる危険を共有し、そのために、両親とは関係なく、その種の危険に対する適切な防衛機制として強迫的機制を用いるのか、ということに関して彼女のクリニックで交わした長時間の討論」をここで思い出していたのであった(Journal of the Philadelphia Assn. for Psychoanalysis, 1974)。

私と我々

このように自我防衛のことを考えてくると、かつてのいわゆる「自我心理学」の時代に連れ戻される（今日では「自己心理学」（Self-Psychology）が同じような志向を持つものとして現われているが）。どちらの流れであっても、それを心理社会的理論に関連づけうるとすれば、パラドクシカルになるが、人間の中にあって最も個的なものでありながら、同時に「我々」（we）という共同的感覚に最も重要な基盤と成っている或るもの、について論じることが不可欠になる。つまり「私」（I）という感覚のことである。言葉を付与され、（いろいろな自分から出来上がっている）ひとつの自分に直面することができ、またもうひとりの無意識的な自分という概念を構成することもできる、感じかつ考えるひとつの生き物であるという、個人の中心的覚知《アウエアネス》としての「私」（I）という感覚である。事実私は、この自我が望ましからざる衝動や感情に対して有効な防衛を働かせる際に示す種々の統合の方法は、これから論ずる或る基本的な実存の様式——つまり、中心的であり、能動的であり、全体が統合され、はっきりと気づいている存在であるという感覚——を、この「私」という感覚に取り戻させ、それによって、周辺的であり、活力を奪われ、バラバラに解体され、はっきりと見えなくなっているという感情を克服させるものである、と考えたいのである。

しかし奇妙なことに、ここは人間の知的関心の盲点にもなっている。つまり、この「私」という、実存的にも、人格学的にも、言語学的にも明々白々な事実は、辞書にも心理学のテキストにもほとんど現われてこない。同時に我々にとってもっと重要なことは、ドイツ語でこの「私」に相当する「Ich」という語を用いてフロイトがそもそも述べたものが、精神分析の文献では通常「自我」(ego) と翻訳されていることだろう (Erikson, 1981)。しかしこの「Ich」は、時には、まさに「私」そのものを意味するものとして用いられている。例えば、フロイト (1923) が「あらゆる意識が依って立つところの」経験の「即時性」と「確実性」(傍点筆者) という特性をこの「Ich」に付与する時などは、特にそうだと言えるだろう。これは単なる意味の二重性の問題ではなく、まさしく概念の輸入に関わる問題である。というのは、無意識的なるものは、まさにこの即時的かつ確実な意識にのみ知られうるものであるのだから。しかもこの意識は、進化と歴史を通して、合理的方法でおのれ自身に直面せざるを得なくなり、それによって無意識的なるものを自らが否認していることに気がつき、さらにその否認のもたらす影響を考えるようになった時に、或る決定的な状態に達するというのだが、にもかかわらずこの最も基本的な「意識」が、フロイトにとっては、疑いようのない（selbst-verständlich）、しかも当座は全く内省の対象とはなり得ない、根源的な人間的事実の一つであったように思われることを考えると、彼の言う「Ich」の意味が、自ずと姿を現わしてくる。彼自身の美的、道徳的、科学的な覚知の広さと熱情を考慮すると、無意識的なるものとイドへの彼の専心的集中は、暗がりの中にあってよく見えないが、しかし人間を動かす最も基本的なものに対する研究への、ほとんど禁欲的とも言える献身であったと考えねばならない。もっとも、無意識から様々なものを引き出すために彼は、「自由」連想や夢や遊びそのものといった、遊びながら全体を見渡す方法（playfully configurational means）――全て覚知の特殊な手段であるが――を使わざるを得なかったことも心に留めておかねばならないのだが。一方、系統的な解釈とは、意識の拡大に向かって働くものである。事実、フロイトは或る文章の中でこの意識を「die Leuchte」（「光明」としか訳しようがないが）の名で呼んでいる（S. Freud, 1933）。もっともいつもの彼らしく、このような宗教的とも言える表現に皮肉なコメントを付け加えることを忘れず、意識について次のように述べている。「我々の人生についても言えることだが、それ（意識）は大した価値を持つものではない。しかしそれが我々の全てなのである。この意識という質によって投げかけられる照明なしには、我々は深層心理の暗闇の中に埋もれてしまうであろう。」もっとも、これもまたいつものように、その論文の訳者にとっては「die Leuchte」を「照明」（illumination）と訳すだけで充分だったのであるが。

精神分析の技法自体に、(この技法から社会的な出会いという性格を奪う) 厳格かつ禁欲的なルールを持ち込むことで、フロイトは自己‐観察的な「私」と、(患者と治療者の間で) 共有される「我々」とをもっぱら無意識の探索に奉仕させた。この方法は、それまでには見られなかったような治療的洞察を、それを必要とするに充分なほど情緒的に混乱し、それを欲するに充分なほど探究心に富み、かつそれを「受け取る」に充分な健康さを有する個々人に提供しうる媒介的手順であることが証明された――もっとも患者に関するこのような選抜は、或る種の共同体の中では、分析を受けた者に一種の新しいエリートのような感情を抱かせることにもなったのであるが。しかし「私」と「我々」に関するさらに組織的な研究は、心理・社会的現象の理解に必要なだけではなく、真に包括的な精神分析的心理学に必須のものであるとも考えられる。もちろん、私は、この自我やこの自己について語ることが言語的に困難であるのと同様に、この「私」について語ることが言語的に困難であることは承知している。にもかかわらず、「私自身」(myself) あるいは一連のいろいろな私自身 (a series of myselves) を意識《アウエア》するためには、「私」という感覚を絶対に必要とするのである。もっとも自己‐経験のあらゆるヴァリエイションの根底には、様々な自己全てを経験したこの「私」、様々な自己全てを意識《アウエア》しうるこの「私」という、意識的連続性を持った「私」という感覚が (有難いことに) 共通に備わっているのであるが。このように、この「私」は、各々の個人が、相互了解の可能な経験世界における覚知の一つの中心である、という言語的保証を与える唯一の基盤となっている。この中心性の感覚は極めてヌミノース的なものであり、それ故に、生きているという感覚、ひいては実存の本質的基盤という感覚とほとんど同じものになっていく。同時に、二人あるいはそれ以上の人間が、呼応する一つの世界観を共有し、かつ共通の言語を持ち得る場合には、彼らは各々の「私」をひとかたまりの「我々」に融合させることができる。もちろん、「私」から「我々」そして「彼ら」にいたるこれらの代名詞が、その本来の意味を、様々な器官様式、様々な姿勢的様態や感覚的様態、様々な世界観のもつ時間 - 空間的特徴との関係の中でいかに獲得していくかという発達的文脈を素描することは、大きな意味をもつことであろう。

この「我々」についてフロイトは、「各個人をキリストに結びつけた絆が彼らを相互に結びつけている絆の根拠でもあることは疑いを容れない」(1921) とまで述べているが、しかし彼は、前に引用したように、教会や軍隊等、「人為的」と彼が呼ぶ集団について触れた文脈の中でそう述べたのであった。事実はしかし、兄弟意識や姉妹意識にまで高まるあらゆる同一化は、親から創始者や神々に及ぶカリスマ的人物への共同的《ジョイント》な同一化に基づくということであろう。それ故にシナイ山で神は、誰が彼に語ったと人々に伝えたらいいのかとモーゼに問われた時に、「我は有って有る者なり」(I AM that I AM) と自らを提示し、人々には「我有りという者我を汝らに遣わしたもう」と言いなさいと示唆したのである。この実存的な意味は、疑いなく、一神教の進化的ステップの中心をなすものであり、それに関連する家父長的・君主制的現象にまで及んでいるものである (Erikson, 1981)。

ここで我々は、新生児と原初的な（母親的な）他者との最初の相互的認知が生涯にわたって大きな影響力を持ち続けること、そしてそれが最終的には「汝らを見上げ、汝らに平安を与える」であろう究極的他者（ultimate other）に転移されることを再び想起せざるをえない。我々はここからもう一度発達の諸段階を辿りなおし、所与の言語の中で、この「我々」の、父親意識や母親意識、姉妹意識や兄弟意識が、最もリアルに体験される一つの共同的《ジョインド》な同一性をどのように共有するに至るのかを研究することもできるだろう。しかしここでもまた、最初に異議を呈したように、リアリティの概念そのもの、つまり、適応すべき「外界」としていつも見なされがちなこのリアリティという概念そのものの修正が必要となるのである。

三種の現実《リアリティ》

自我という概念と用語は、言うまでもなく、フロイトの独創ではない。スコラ哲学の中ではそれは身体と魂の統一体を表わすものであったし、また哲学においてもそれは一般に意識的経験の不変性を表わすものであった。ウイリアム・ジェイムズ（1920）は書簡の中で、様々な時間と様々な空間を連続的なものたらしめる「包括的な自我」について言及し、さらに「自我の能動的な緊張」を主観的健康の本質そのものを表わす用語として提示している。ジェイムズ――彼はドイツ語に精通していたが――はそこで、予め内蔵された「自我」の無意識的な働きとともに、主観的な「私」という感覚を考えていたように思われる。しかし、この「私」が存在の諸次元の中での或る種の中心性を保証されるように経験を統合することが、この自我の無意識的な働きのもつ機能の一つであることは明らかである。それがあるからこそ「私」は、（すでに示唆したように）雑多な事象の激しい流れを、無能な受難者としてではなく、有能な実行者として感じとることができる。活力を奪われた存在ではなく能動的で自ら動き出す存在であり、辺縁に追いやられた存在ではなく中心的で包含的な存在であり、圧し潰された存在ではなく自ら選択する存在であり、混乱し困惑した存在ではなくものごとがはっきり見えている存在であるという感覚——これら全てが結局、自分の時間と空間の中に安心して存在しているという感覚や、自分が選ぶと同時に自分が選ばれた存在であると感じる感覚に成っていくのである。

ここまではよいのだが、しかしすでに述べたように、人間の発達を人生段階ごとに追っていくと、次のような人間特有の問題が見えてくる。つまり、かくまで重要な中心性 - 感覚を、各段階ごとに、次第に増加していく他者との関係の中で再生していかねばならぬということである。この他者のうちの何人かは、極めて親密であり、まさに重要な生活領域における「他者」として個々人を認識できるものであるが、しかし大部分の他者は、相互関係で結ばれた漠然とした数の他者、しかも彼らの現実《リアリティ》感覚を我々と共有することによって確固たるものにしようとする他者なのである——もっとも同時に、彼らの現実感覚を我々に押し付けはしないまでも、それを我々のものとは異なるものとして画定しようとすることもある他者でもあるのだが。ひとつの外的現実に対する自我の適応を考えるだけでは不十分だというのは、まさにこのような心理・社会的な理由による。人間の適応は葛藤に満ちているが、しかし自我が適応を遂げたと言える時には、自我はすでに種々の適応的経験を吸収し、種々の強烈な同一化を行なってきている。事実、フロイトが現実と言う時の原型は、Wirklichkeit というドイツ語であり、（「実際に機能する《ワーク》」ものから派生した）この言葉は、能動的《アクティブ》で相互作用的《インタラクティブ》な意味合いを有しており、通常はアクチュアリティ（actuality）と訳し、「相互活性化」（mutual activation）を意味するものと理解するのがよいと私は考えている。

現実は、このような意味で、必要欠くべからざる幾つかの成分から成りたっていると言わねばならない。精神分析的に言えば、それらの諸成分は全て人間特有の本能性（instinctuality）——つまり、動物の本能性（instinctivity）とは対照的に、感情的なエネルギーが、発達の過程で徐々に自我の裁量下に置かれ、やがて、成熟しつつある諸能力をもっぱら具体的・共同的な世界に投入せしめる方向に働く、そのような人間特有のあり方——の上に成り立っている。それ故に子どもは、命名し、検証し、共有し得る事実をさえ愛することができるようになる（この事実が次にはそのような愛に知識を吹き込むのであるが）と言えるのである。

成熟しつつある現実感覚を構成する三つの不可欠の成分に関して言えば、まずファクチュアリティ（factuality）とは、我々が日常的に言う「もの」的な事実の世界であり、最低限度の歪曲や否認を伴って知覚され、同時に所与の認知発達の段階と所与の技術と科学の状態の中で可能な、最大限度の妥当性を伴って知覚されるものである。

現実の第二の意味合いを示すリアリティは、我々が知ったこれらの事実を、その本質を我々が（多かれ少なかれ驚きをもって）認識できるようにするひとつの意味連関（context）にまで高める、説得力ある一貫性と秩序であり、ひとつの言語とひとつの世界像を共有する一団の人間たち全員が共有する真実価値のことである。「了解可能性」(comprehensibility)(アインシュタインの言うBegreiflichkeit)という言葉が、現実のこの側面を表わす言葉として最もぴったりしている。[7] 別な言い方を探せば、より視覚的な意味構造(contextuality)[9]という用語もこれに当てはまる。それが、様々な事実を吃驚するような仕方で織りあわせ、それらの事実からひとつの意味を紡ぎ出して与えるからである。共同的なエトスは、これら三種の現実と主要な発達段階の間の意義深い相応関係を維持することによってのみ、充分な数の成員から最大限のエネルギーを引き出すことができる。

かくして、ひとつの活力ある世界観としての現実(もっと穏やかに「生き方」と呼ばれることもあるが)は、最善の状態にある時は、次のような特徴を持つひとつの包括的な概念図(conception)となる。つまり、一群の選ばれた証明可能な事実に統制のとれた注意を集中して向かわせ、「意味連関」の感覚を高めるひとつの一貫したヴィジョンを作動させ、労働への強固な関与を背景にした倫理的《エシカル》な提携関係《フェローシップ》を実現する、ひとつの包括的な概念図である。

この世界像はまた、各個人とともに成長しなければならない。同時にそれは各世代ごとに再生されねばならない。我々はここで、前章までに述べた、器官様式から姿勢の様態や感覚的な様態、人生の標準的な危機から心理・社会的な発達における諸々の対立命題を振り返り、いかにして世界像がそれらの経験全体に対して一つの普遍的な意味と意味連関《コンテクスト》を付与するのかを示すこともできるだろう。一人の「私」は、最初期の身体的諸経験の中から成長し、自己愛的と呼ばれる本能的《インスティンクチュアル》な発達の中から成長してくる時、このような世界像との触れ合いを通して初めて、（この宇宙の中のどこに自分が位置し、どこに向かっているかという）一つの定位感覚（a sense of orientation）を所有し共有することができるのである。世界像の研究は、したがって、まず一つの基本的な時空定位に対して全ての「私」が抱く欲求から出発し、その後に、共同体が、（一日の日程、一年の周期、仕事の分担や儀式的な行事の共有といった）関連する種々のパースペクティブをいかにして一つのネットワークにまとめあげて成員に提供するかの研究に進み、さらに、K・エリクソン（1966）の言う種々の制限や「境界」——この制限や境界の確立とともに、何が「外部」であり、何が「他者」であるかという外部性（outerness）や他者性（otherness）が成立するのだが——を明らかにするところに進んでいかねばならない。

かつて、アメリカ的な「生き方」の中で育ち成長することを幾つかの観点から素描しようとしたとき（1974, 1977）、私自身はこの問題をあまり体系だった仕方で明確にすることができなかった。しかし、既存の世界像や変化しつつある世界像に各個人が無意識的、前意識的にいかに深く巻き込まれていくかについて、精神分析的な臨床観察は本質的な洞察を提供しうると私は確信している。その過程に必然的につきまとう葛藤や破壊的な対立命題の中に、身体的体制化と社会的体制化と自我の体制化の間の相互補完の可能性を研究することができるからである。精神分析学がそれ自体の歴史、それ自体が有するイデオロギー的、倫理的な意味合いをもっと意識化するようになれば、その種の研究を異なる歴史的状況の中で行なうことはもっと実り豊かなものになるだろう。もっとも、宗教的な信念体系の実存的サイクルや、政治的・経済的なイデオロギーの歴史的背景や、種々の科学的理論の持つ経験的含意の中に暗示される巨大なシェーマに、個人の発達がどのように組み込まれていくか、あるいはそれからどのように逸脱していくか、その過程を細部にわたって明らかにするには、新しい文化史学の誕生を待たねばならないだろう。

エトスと倫理《エシックス》

初期の精神分析学の中に、自我とエトスの力動的関係に関する最も包括的な記述を求めるとすれば、恐らくそれはフロイトの『続・精神分析入門』の中の次の文章だろう。

通例、両親とそれに類似する権威は、子どもを教育する際に自分自身の超自我の指示に従う……つまり子どもの超自我は、実際には両親をモデルとしてではなく、両親の超自我をモデルとして形成される。子どもの超自我の内容は両親のそれと同じものになり、このようにしてそれは伝統の担い手になる。つまりこのようにして世代から世代へと伝えられたあらゆる不変の価値判断の担い手になるのである。(1933)

フロイトはここで歴史的過程の或る側面を個人の超自我の中に位置づけている——自分を麻痺させるような内的圧制から逃れるために自我がそれに対して自らを守らねばならぬような、道徳主義的圧力を内面生活に加える内的機関としての超自我、の中にである。フロイトはその後で、「唯物史観」に簡単な批判を加える。彼によれば唯物史観とは、「人間の『イデオロギー』は現在の経済的条件の産物であり、その上部構造にすぎない」と主張して、政治的圧制を強調する考え方である。

確かにそれは真理であるが、しかし恐らく真理全体ではない。人類は決して現在にばかり生きているものではない。超自我のイデオロギーの中に、過去が、種族及び民族の伝統が生き続けており、この伝統は現在の影響や新しい変化には、ただ徐々にしか譲歩しないのであって、伝統は超自我を通して作用するかぎり、経済的条件とは独立した強力な役割を人間生活において演ずるのである。(Freud, 1933, p. 67)

この言明は、革命的な力と方法に関する心理学的研究に幅広い示唆を与えるものだが、しかし驚いたことにそれは、個人の中の力動を再構成する際に、精神分析家は伝統を伝えていくものとしての超自我の機能をも考慮しなければならない(また考慮することができる)ということ、特に変化や解放に対する伝統の抵抗を考える際にそうであることを示唆しているかに見える。同時にこの示唆は、内面の葛藤に反映されるような重要な歴史的動向を、直接精神分析的研究の対象にしうる可能性を開くものでもある。しかし、発達的な観点から言えば、私は、超自我の中に我々が見出す幼児期の残滓は、フロイトが示唆したように、現在の生きたイデオロギーの反映だけではなく、すでに道徳主義と化した過去のそれの反映でもあることを強調したい。想像力溢れるエディプス期と自主性対罪責感という幼児期の危機との間のバランスをとるために、超自我は、遊戯性溢れる自主性を封じ込めるとともに、一つの基本的な道徳的方向づけの確立（それが道徳主義的方向づけに成ったとしても）をも促すような、禁止の体系《ネットワーク》を前面に出さざるをえないのであろう。

次に私は、すでに述べたように、青年期を、新たな世代の空想とエネルギーを秩序化し結集させるような様々な新しいイデオロギー的イメージャリーに、認知的にも情緒的にも広く開かれた人生段階と考えたい。歴史的時点によってそれは、既存の秩序をさらに強化《コンファーム》する形で現われることもあれば、それに異議申し立てを行なう形で現われることもある。あるいはよりラディカルな未来の秩序を約束することもあれば、より伝統的な未来の秩序を約束することもある。しかしどのような形をとるものであれ、それらは全てアイデンティティの混乱の克服を助けるのである。さらに次の成人期――幼児期の道徳主義の行き過ぎや青年期のイデオロギズムの行き過ぎから抜け出してきた成人期――に関して言えば、我々はこの時期に或る倫理的感覚の誕生の可能性を想定することができる。すなわち、この発達段階で求められる実際の生殖的行動《エンゲイジメント》とも一致し、かつ、歴史的現実と歩調を合わせながら、成熟した広い視野を持つ将来設計を作らねばならぬという要請にも一致した、或る倫理的感覚である。革命的指導者でさえも、確固とした道徳的感覚のみならずこのような倫理的関心をもって彼らのイデオロギーを発展させ実践していかなければならない。（我々の発達的洞察に関して言えば、この生殖的倫理は、あの黄金律の次のような書き直しを示唆するかに見える。「汝自身の成長を促すとともに、

	1	2	3
Ⅲ			倫理的
Ⅱ		イデオロギー的	
Ⅰ	道徳的		

他者の成長を促すことを、他者に対して行なえ」と（Erikson, 1964)）。

ここでついでに、人間の道徳的、イデオロギー的、倫理的なポテンシャルの儀式化のために用意された人生段階——つまり幼児期、青年期、成人期——を概観した際に、それらに対応して、道徳主義、トータリズム、権威至上主義という三つの儀式主義の危険を指摘したことを思い出してもらいたい。また、全ての発達的要因と世代継承的要因を漸成的に視覚化してほしいという要請も、もう一度思い出してもらいたい。すなわち上のような図のことである。

つまり、あらゆる道徳性の中には倫理的特性並びにイデオロギー的な特性のポテンシャルがあるし、同時にイデオロギーの中には、道徳的特性並びに倫理的特性が存在するのである。従って、倫理的な段階に至ってもなお道徳的あるいはイデオロギー的な様式を残していることは、それが、その時代独自の歴史的条件の中で、或る生殖的成熟の部分として統合される可能性を保持している限り、決して「幼児期」の残滓とも「思春期」の残滓とも言えないのである。

精神分析の方法における歴史的相対性

さて、最後にもう一度基本的な精神分析の方法を考えてみたいのだが、まずこの方法が持つ二つの本質的機能を思い起こしておこう。第一にそれは、成人（患者であると分析訓練の志願者であるとを問わず）を幼児期の重圧的・抑圧的な不安から解放し、同時にその不安が人生とパーソナリティに与えてきた影響から解放することを目指すヒポクラス的な試みである。第二にそれは、個体発生並びに系統発生における過去の発達に人間が固着している姿を独自の仕方であらわにする、調査《リサーチ》方法であり教授《ダイダクティック》方法である。これとの関連で興味深いことは、全人類的《オール・ヒューマン》な成熟《アダルトフッド》を獲ち取ろうとすることが前世紀のエトスのひとつであったということであろう。例えば一八四四年の草稿の中でカール・マルクスは、「あらゆる自然物が生成する（become）ということを運命づけられているように、人間もまた生成という行為、つまり歴史を持っている」（Tucker, 1961）と述べている。この「生成という行為」に関してマルクスは Entstehungsakt という言葉を用いてもいるが、これは能動的に「現われ出ること」「立ち上がること」「成ること」を併せた言葉であり、人間という「種」に来たるべき成熟を明らかに含意している。これに対応するユートピア的な言明の中でフロイトは、「文明とは、エロスに奉仕する一過程であり、その目的は、個人個人を結びつけ、その後に、家族を、種族を、民族を、そして国家を、ひとつのより大きな統一体、つまり人類という統一体に結合していくことである」(1930) と述べている。そのような未来が到来するためには人類全体の成熟が必要だという含意は、原始的、古層的《アルカイック》かつ幼児的な感情やイメージに退行するという、人間が潜在的にもつ運命的傾向の系統的解明にフロイトが専念する時、その底にいつも流れていたものだと思われる。未来の人間は、これらの「有史以前」の固着を深く理解し乗り越えているので、一人の成熟した人間として、また人類という一つの種への自覚的な関与者として行動しやすくなるのではないか、というのである。我々の用語で言い直せば、その時人類は擬似種族化を克服しうるのではないか、つまり他者性への憎悪を極めて道徳主義的に合理化する基盤を、成人のもつ拒否性に対して与えてしまうような、仮空の諸種族への分裂を克服できるのではないか、ということになる。このような「種族化」は、超自我が極めて偏狭な部族意識や特権階級の排他性や国家主義的・民族主義的同一性を強化するために用いられる時の、あの極めて残酷かつ反動的な性格を裏から支えてきたのであり、この種の意識や排他性や同一性は全て、この核時代における人類の生存そのものを危険にさらすものと考えねばならない。

さてこのような文脈の中でエロスという言葉をもう一度考えてみると、そもそも精神分析理論が、最善の状態にあればひとつの普遍的な愛を生み出す、全てを包括する本能《インスティンクチュアル》的諸力を仮定することから始まったという事実が浮び上がってくる。それだけではなく、このエロスという言葉は、事実性《ファクチュアリティ》に関する認知構造を支配するロゴスという、もう一つの統一的な生命原理を我々が完全に無視してきた事実をも明らかにする――これは、真に普遍的でしかも共同的《ジョイントリー》に計画（構想）された物理的環境なるものの輪郭を、人類史上初めて技術や科学が示唆するという現代では、ますます重要性を増してくるテーマであろう。ところが、この普遍的なテクノロジーというイメージャリーによって示唆される世界、種々のメディアによって劇化される世界は、厳密な論理的・技術的諸原理に沿って計画（構想）された、完璧に組織だった一つの秩序、というヴィジョンに転化してしまうことがある。しかしこのようなヴィジョンは、有機体的な実存と共同的な秩序――精神生活のエコロジーはその上に成り立つのであるが――を脅かす失調的かつ不協和的な傾向という、我々がこれまで強調してきたことを無視する危険を孕むヴィジョンなのである。人間の心に関する芸術‐科学は、特定の歴史的な自己覚知に裏付けられるだけではなく、発達的（生活史的と言ってもよい）な視点にも通暁していなければならない。歴史家のコリングウッド（一九五六）が言うように、「歴史は心の生涯《ライフ》そのものであるが、この心は、それが歴史的過程の中に生きているのでない限り、またそのように生きているものとしての自分を知っているのでない限り、心ではない」のである。私はこの言葉は精神分析的方法の中核にも適用しうるものだと常々感じてきた。またそれ故にアインシュタインの百年祭に際して、精神分析的な研究方法が或る種の相対性に関する系統的な洞察《アウェアネス》をいかに可能にしかつ要請するかを定式化しようと試みたのである。

この相対性という考え方について言うと、自然科学におけるあらゆる革命的進歩は、必ず或る認知的並びに倫理的な意味を、つまり最初は、既存の支配的な世界像を脅かし、それによって「私」という感覚の基本的諸次元の普遍《コスミック》的な再保証をも脅かすかに見える意味を持っていることは、いまさら言うまでもない。一例をあげれば、コペルニクスは、宇宙における人間（並びに地球）の中心的位置――言うまでもなくそれは「自分が中心にある」という、あらゆる「私」が自然に抱く感覚によって支えられ、かつその感覚を支えていた秩序《アレインジメント》であったに違いないのだが――を覆したのである。しかし最終的には、このような蒙を啓く多様な知識が一つのラディカルな新しい方向づけを与え、人間の心の適応力を頼りにして、より合理的な中心的エトスの創造を促していくのである。相対性という考え方もまた、最初は極めて相対主義的な意味を有し、人間の確固たる「立脚点」の基盤を全て突き崩すように見えた。しかしそれは、種々の相対的な立脚点が相互に「歩み寄って」基本的な一致《インバリアンス》を見出すという、一つの新しい展望を切り開いたのである。

同様の意味でフロイトは、衝動の大釜たる「イド」の縁という辺縁的位置に人間の意識を位置づけ、しかもこのイドのエネルギーに関して「対等な尊厳」を要求したことに誇りを持つことができたのである（彼の世紀は自然界におけるエネルギーの転換を真に発見した世紀であった）。さて、百年祭の講演（1980(b)）でも指摘したように、アインシュタインとフロイト自身はそれぞれ相手の方法に不信感を抱いていた。しかし、相対性の原理、あるいはアインシュタインが好んで用いた説明の一つ（例えば、走行中の二つの列車の相互の関係）は、フロイトの基本的方法にも適用できると私には思えるのである。

精神分析の状況は、あたかも分析家の心と患者の心が相互に関連を持ちながら《レラティブリー》動く二つの「協応的システム」として働く姿として描くことができる、と私は主張した。精神分析の出会いにおいて横臥と非個人性という外観を纏って現われるものは、実際には患者の内部における「連想」の「自由な浮動」を可能にしかつそれを強化する。連想は、速度を自在に変えながら、或る時は遠い過去へ、或る時は今の現在そのものへ、或る時は恐れに満ちた未来へ、或る時は希望に満ちた未来へ、同時に、具体的な経験から、空想へ、夢の生活へと駆け巡ることができる。患者は症状に苦しめられているが、その症状は現在の生活における何らかのとらわれを露わすだけでなく、発達初期の人生段階を特徴づける中核的病理への発達的な固着を露わすものである。自由連想は、従って、被分析者が過去の発達の段階と状態に内在する諸葛藤を想起し、それを再体験すること（象徴的な形を纏って行なわれることが多いにしても）を促進しなければならない。それらの葛藤の全体的な意味は、患者が彼の空想や考えの中で、発達初期あるいは最初期の、多かれ少なかれ非合理的なイメージや感情を蘇らせ、それを分析者という人間への「転移」として露わにするまで、明らかにはならない。

一方、精神分析家は「教育分析」を受けるのだが、この分析が彼に教えるものは、発達的な時間や歴史的な時間の中を漂い動く彼自身の心に常に気づいていること、しかも統制を保って、漂う心の動きを妨げないように控え目に気づいていること、なのである。つまり分析家は、患者が言語化するものを、分析家自身の生活の全般的方向についてそれまで知りえたことを光源にして眺めながら、同時に、患者の現在の状態や過去の葛藤が分析家自身の生活状況にどのようにはね返り、過去の段階に由来する感情やイメージをどのように呼び起こしているかにいつも気づいておれるような状態に自分を置いている。つまり治療者の「逆転移」のことである。このような複雑な相互交渉は、単に蒙を啓くという意味をもつだけでなく、聴く者自身が根深く持つ空想や否認と患者のそれとの無意識的な共謀（絡み合い）を発見すること（そしてそれから学ぶこと）を助けるのである。

このように治療者と患者各々のライフサイクル——いずれも異なる社会的・歴史的な流れに沿って育くまれてきたものだが——の中を漂い動いている時に、分析家の解釈的思考は、同時に、精神分析に関する過去及び現在の概念化とともに動いているのでもある。その中には、分析家自身が教育分析を通して影響を受けた人物や学派と他の影響力に富むそれとの間における彼（彼女）自身の「世代的」な位置、一人の分析家としてのまた一人の人間としての成長に伴う彼（彼女）自身の知的な思索も含まれていることは言うまでもない。そして古い臨床的・理論的モデルや「地図」も、新しいモデルや「地図」も、我々がこれまで見てきたように、臨床的エトスの重要な変化に彩られている。（心の中の動きも社会的な動きも含めた）これら全ての動きを支配する相対性に、潜在的（かつ控え目）に気が付いていることができるようになって初めて、分析家は癒す力と蒙を啓く力に満ちた洞察に達することができ、それが治療的な時機に適った解釈を可能にする。そのような解釈はしばしば、それが全く独自なものでありながら同時に人間的な法則に適っているという点において、分析家と患者双方にとって等しく驚きにみちたものになる。治療的な出会いの中で患者の人生行路を明るみに出す過程で、解釈はこのような発達的並びに歴史的な洞察の拡大を通して癒し《ヒーリング》をもたらすのである。

またそれ故に私は、アインシュタインと私自身の領域を関連づけるなどという向こう見ずな試みを、イエルサレムで開かれた百年祭で行なったのである（各々の参加者がそのような試みを求められたのではあるが）。このようなアプローチは、古くから用いられてきた共感という方法を体系化し、他の仕方では接近できない一つの法則性を持つ相互交渉を確立する、新たな観察方法の本質的部分であると私には思える。それを臨床的分野に適用する時には、このような種々の相対性の観察から明るみに出される人間の動機づけの不変的法則を、癒す者と癒される者とが、原則的に共有すること――現実にも共有できるが――を前提とする、現代的な同胞愛に基づいていなければならない。同時にそれは、（歴史学や社会学や政治学等の関連領域における広義の治療的手続きとして高度に専門化される形をとろうと、あるいは単に日常生活の洞察の中に徐々に染み込んでいく形であろうと、ともかく）新しい生活史的な洞察《アウエアネス》や歴史的な洞察《アウエアネス》の一部分として現代人のエトスの中に統合されていかねばならないのである。

本書の冒頭で私は、私自身がウイーンで受けた分析訓練と、特に治療的な営みの精神について述べたが、本書の締め括りでは、一九七九年ニューヨークで開かれた国際精神分析学会について再度触れることが最もよいと思う。私はそこで生殖性に関して話すだけではなく（1980(c)）、転移とライフサイクルの関係に関するパネル・ディスカッションにも参加した。パネルのメンバーはピーター・ニューバウアー、ピーター・ブロス、パール・キングであったが、彼らは各々別個に、児童、青年、成人（中年と老人を含む）における転移のパターンについて語った（P. Blos ; P. Neubauer ; P. King ; 1980）。そのパネルに関するコメントを、これまで我々が深めてきた考察に沿って幾つか加えてみよう。

成人に対する分析で経験する精神分析的状況と、児童に対する時のそれとの古典的相違は、児童は、人格の未成熟さの故に、寝椅子に寝て系統的に内省することができないことにある。彼らはどちらかと言えば、相互に関わりあうことを、遊ぶことを、会話することを求める。従って、成人の治療を特徴づける「転移神経症」――そこから分析家は多くのことを学ぶのだが――という人工物《アーティファクト》は言うに及ばず、そもそも系統的な転移そのものを彼らは形成することができないのである。さて、この転移神経症を形成する能力が児童にないことを嘆くことは、大人の排他主義《ショービニズム》とも言うべききらいがなかったわけでもない。一体全体、子どもはどうしてあんなに現在を経験することに没頭し、それを多様な学習機能を持つ遊び的な自己表現に転換することに、どうしてあんなに没頭できるのだろうか？　というのである。彼らの幼児的な愛着に関してアンナ・フロイトは、「単に（転移の）初版が未だ売り切れていないのだ」と述べているが、そのほかには「（成人とは）異なる転移反応」について語っているだけである（A. Freud, 1980, p. 2)。初期の両親像を執拗に求める共生的欲求の「転移」が時には生ずることはあるかもしれないが、しかし子どもは、基本的には、両親以外の大人との出会いを強く求めているものであり、その求めを、祖父母であろうと隣人であろうと、あるいは医者であろうと教師であろうと、自ら選んだ他の大人を通して満たしていこうとし続けているのだということを忘れてはならない。子どもの患者が「対象関係」を求めている、という言い方が時折単純になされることがあるが（それは、自分の愛を受けるに充分に価し、かつその愛に充分に応えてくれるような、自分の愛の受け取り手を求める、という意味であろうが）、従ってそれも、異なる世代の相互的関与（mutuality of involvement）——諸世代の生活はこの上に成り立っているのであるが——が明瞭に姿を現わしてきたもの、という視点からも見ていかねばならぬものだろう。確かに子どもの患者は、分析者の役割を、あるいはニューバウアーの言う一時的な転移の関係と分析者との職業上の契約との間を結ぶ連鎖を、なんらかの形で理解することができるかも知れない。しかし、児童や青年に対する精神分析治療の中で生ずる転移について考える時に、我々が若者との、あるいは彼らの両親との関係で、不可避的に経験せざるを得ない逆転移については、ほとんど真剣かつ詳細に考えることがないという事実の中に、大人の排他主義的傾向を見ることはできないだろうか？

　幼児期・児童期について語られてきたことは、青年期になって新たな劇的な形をとって現われてくる。青年期には確かに性的成熟が進行しつつあるが、しかしこの時期にも再度或る発達の停滞が訪れるように仕組まれている。我々はそれを心理・社会的潜伏と呼んできたが、それは人格発達における停滞と社会的地位における停滞であり、この時期に青年は、（未来を）実験的に摑み取《アンティシペイション》るとともに（過去を）再度摑み直《リキャピチュレイション》すことによって、種々の社会的役割を実験的に試みる期間を与えられる——もっともこの両極を激しく揺れ動くことで、この種の実験的試みが錯綜し、混迷状態をもたらすことがあるのだが。また、このような発達《エボリューショナリー》的論理は次のような事実の中にはっきりと現われる。つまり、青年は、様々な「認証《コンファメイション》」の中で自分自身の輪郭を見出す時に、また、芽生えはじめた友情や愛や協力関係《パートナーシップ》やイデオロギー的結社《アソシエイション》への傾倒を徐々に深めていく中で自分自身の輪郭を見出す時に、はじめて心理・社会的同一性に到達しうる、という事実である。ピーター・ブロスは発達のための退行とともに、第二の個性化の過程を強調する。例えば転移という現象に対応するものとしてブロスは、「青年期の患者が両親像を再編成しなおすことに積極的に取り組み、一人のリアルな個人としての分析家の存在を通して、古い原本を誠実に修正した新版を創り出す」過程を強調する（1980）。これに従えば、青年期の患者に出会う分析家は、適切な解釈によって癒す者でありながら、同時に注意深く承認を与える生殖的モデルの役割（つまり賢明な指導者《メンター》の役割）もとるという、明らかに二つの立場を担わざるをえなくなる。一方、患者の側から見れば、この第二の個性化は、他者の個性化に対する尊敬や承認と、他者の自己実現を促しかつ他者から自己実現を促されるという相互的な実現（mutual actualization）を意味する友情や提携の能力が、徐々に増大していくことを含んでいるに違いない。

一方、成人患者に現われる転移に関して言えば、一般的に成人の治療は、子どもや青年とは異なって、古典的な治療状況の設定の中で行なわれるということを再度思い起こさねばならない。なぜならこの古典的設定は患者に次のような状況を強いるからである。

(1)　終始あおむけの姿勢を取る（人間的な出会いにおける直立の姿勢の重要性を想起せよ）
(2)　顔を向き合わせ、目と目を合わせることを回避する（顔を見合わせて微笑むことによる相互的認知の決定的重要性を想起せよ）
(3)　会話的なやりとりを排除する（「私」というものの輪郭を相互に描く際の会話の重要性を想起せよ）
(4)　長く続く分析家の沈黙に耐える

という特殊な条件が組合わさった状況である。これらの条件は全て、記憶や転移を通して、幼児期初期の相互交渉の相手《カウンター・プレイヤー》を、郷愁にかられながら探し求める行動を巧妙に喚起する。このようなフラストレーション全てに耐えねばならないとすれば、精神分析治療を受ける患者が或る程度の健康さを持たねばならないというのは無理のないことである。同時にこのような設定全体は分析家に癒す権威という特別な地位を与える。この権威的な地位は逆転移に影響を及ぼさずにはいないが、まさにそれ故に二重に分析的洞察が要求されるのである。

成人について議論をする時、パール・キングは中年期及びそれ以後の時期にすぐさま入っていく。彼女はそこで、個人は年代的《クロノロジカル》、生物的、心理的の三つの時間基準によって生きていると指摘する。この三つの組み合わせは我々が考えてきたエトス、ソマ、サイキに極めてよく対応する。なぜなら、エトスは年代的な時間にその価値を投影するものであり、一方ソマは生物学的なるものを支配するものであり、サイキは経験された時間を支配するものだからである。（これまで発達段階的なアプローチを最後の段階から辿ってきた）我々の関心を特に魅くものは、高齢者では転移の逆転が起こるというパール・キングの指摘である。「分析者は、（ときには五世代にも及ぶ）患者の過去からの転移を受け、その転移の中では、患者の過去の中のいかなる重要な人物としても経験される。しかもいかなる人物の転移であろうと、役割の逆転が起こり、患者はそれらの人物が自分を扱ってきた（と感じている）ように分析者に対して振る舞うのである」(1980)。この時にパール・キングは、年輩の患者との間で生ずる複雑な逆転移を見逃さない。「その種の転移現象に伴う陽性並びに陰性の感情は、年輩の患者ではしばしば強烈なものになるが、その感情は分析者の中に、分析者自身の老いつつある両親に対する受容し難い感情を惹き起こすことがある。従って、このような患者の精神分析を行なう際には、分析者自身が自分の両親に対する感情と折り合いを付けていること、並びに分析者自身が自分のライフサイクルにおける現在の自分の段階と、自分が年をとっていく過程そのものを、自己‐統合的な健全な仕方で受容していることが必要になる」（一八五ページ）というのである。キングはまた、前にも述べたが、老いつつある患者にとっては、治療の終結を考えることが困難なことがしばしばあると指摘する。なぜなら、その終結の時に患者は、時間の流れという一見無慈悲な力《オーソリティ》に対して、掛値なしの自分の現実と力で直面しなければならなくなるからであろう。こうして見ると、あらゆる人生段階において患者が示す多様な形態の転移は、以前に満たし得なかった発達的対話を回復するために、特定の人生危機を反復しながら、分析家を一人の生殖的存在として巻き込もうとする試みを表わしているように思える。このような異なる世代の人間の臨床的出会いのダイナミックスは、しかし、異なる年齢の患者との関係で精神分析家が典型的に経験する逆転移の研究なしには充全に解明しえないことは明らかであろう。なぜなら、私自身の文章を引用すれば、「精神分析家は、患者の過去及び現在の段階が、分析家の中のそれに対応する段階の経験に反響する仕方に常に開かれていることによってのみ、分析作業が持つ様々な世代的意味に気づくことができる」からである。私がこのことを結論として強調するのは、異なる文化的・歴史的背景を持ち、性や年齢もちがう分析家と被分析者の間に、どのような転移と逆転移の相互交渉が生ずるかを比較することが、この問題に関して意味深い知見をもたらすと考えるからである。この転移という相互交渉を治療状況における中心的問題としたフロイトの革命的な判断が、（臨床的並びに「応用的」な）精神分析をして、人間経験の発達的並びに歴史的相対性に関する最も優れた研究方法たらしめたのである。そしてこのような研究だけが、何が不変的に人間的なものであるのかを確証しうるのであろう。

基本的な精神分析状況に関して結論として述べてきたこれらのことは、本書の冒頭で述べたこと、つまり、我々が日常的な仕事の中で日々出会うことをこの（相補性及び）相対性という視点から見ることは、創始者であるフロイトの諸理論の中核をなしていた因果論的並びに量的な視点よりも、精神分析の或る側面の真価をより適切に照らし出し得るだろうということを説明しただけに過ぎない。いずれにしても、心理・社会的な視点はこのような発達的・歴史的な視点と無理なく融合する。また、異なる地域、異なる年齢の患者と会う際にこれらのことに気づきながら臨床的観察をすることは、まさに治療そのものに関与しながら、同時に技術的・歴史的な状況の変動の下で、人間の基本的な強さと中核的な障害が辿る運命を明確に認識することに役立つだろう。臨床的な仕事は、このように、歴史の変動の脈をとる種々の方法を補完し、人類はひとつという意識《アウエアネス》の向上に役立つのである。

五　第九の段階

はじめに

人間が何歳頃にどの発達段階に達するかには大きなバリエーションがある（出生時の年齢（〇歳）に関するそれは別として）。社会的な通念や圧力を無視して各発達段階の年齢を細かに特定することは妥当ではない。このことは、八つの発達段階の理論を構想し始めた当初から、自明のことに思えた。

この考え方は、無論、老年期にも当てはまることだが、しかし、この時期特有の生活体験や危機を浮き彫りにするためには、ある程度の年齢幅を特定することが有効なこともある。例えば、老年期といっても、八〇歳代や九〇歳代になると、それまでとは異なる新たなニーズが現われ、見直しが迫られ、新たな生活上の困難が訪れる。これらの問題への的確な検討と取り組みには、新たに第九の段階を設定して、この時期特有の課題を明確化することが不可欠となる。我々は、今、八〇歳代後半から九〇歳代の老人の目を通して、人生周期の最後の段階を見つめ、理解することを迫られている。

人の身体は、この時期になると、どのように大切にいたわっていても弱り始め、かつてのような働きを見せなくなる。強さとコントロールを維持するためにどのような努力を払っても、身体は着実にその自律性を失い続けていく。第八の段階で出没し始めた絶望は、第九の段階では、切っても切れない道連れとなる。身体能力の喪失をもたらすような緊急事態がいつやってくるか分からないという不安を打ち消せないからである。人の手を借りずに動けたり、自分の身体を思い通りにコントロールすることが覚束なくなるに従って、自尊心と自信が崩れ始める。希望と信頼は、かつては堅固な精神的支えとなったものだが、もはや往時のような確固たる支柱にはならない。信仰と適切な謙譲によって絶望を追い出すことが、残された唯一の賢明な道となる。

私はこれまでも人生周期の理論を何度も振り返って考えてきたのだが、ある時、八つの発達段階の記述がほとんどいつも、まず最初に同調要素が述べられ、次に失調要素が述べられるという仕方で提示されていることに気がついた(例えば、「信頼」対「不信」、「自律」対「恥と疑惑」のように)。同調要素は、成長と拡大を支え、目標を与え、最善の自尊とコミットメントを贈ってくれる。失調要素による試練にさらされる時(人生は我々全てをこの要素に向き合わせるのだが)、この同調要素が我々を支える。しかし、我々は、状況によっては、この失調要素のほうが優位な位置に立つこともあるという事実も認めねばならない。老年期はこのような状況の一つであろう。そこで私は、この「第九の発達段階」を著すにあたって、失調要素の優位性と力を強調するために、この要素を最初にあげることにした。もっとも、どのような書き方をしても、葛藤と緊張が、成長と強さとコミットメントを生み出す源泉であることには変わりはないのだが。

それでは、発達段階のチャートを頭の中にしっかりと浮かべ、できればそれを目の前に置いて、老人がどのような同調要素と失調要素に直面していくのか、どのような緊張に直面し対処していかねばならないのかを、段階ごとにみていくことにしよう。それぞれの段階の失調要素が第九の発達段階にある個人をいかに混乱させるかに目を向け、それに充分な注意と考慮を払っていこう。

基本的不信　対　信頼：希望

良い遺伝子と愛情深い両親に恵まれてこの世に生まれた乳児は幸せである。いつも熱心に関わり、彼の存在を心から喜ぶ祖父母を持つ乳児は、なおさらである。基本的信頼なしには乳児は生き延びることさえできないという事実を我々は認めなければならない。つまり、現に生きている人は、皆、基本的信頼を獲得し、それによってある程度まで希望という強さを得ているということになる。基本的信頼は希望の証であり、この世の試練と人生の苦難から我々を守る一貫した支えである。わずかな不信が我々を守ることがあり、またそれなしに生き延びることは難しいことも確かなのだが、しかし、基本的には、不信は我々の人生のあらゆる側面を汚染し、他者との友情や愛情を我々から奪い取る。

老人は自らの能力に不信感を抱かざるを得ない。時間は、今まで健康に過ごし逞しい筋肉を維持してきた人々からさえも使用料を徴収し、身体は不可避的に衰える。ぎこちない身体の動きに毎日さらされ、しかも日々そのぎこちなさが増えていくという事態に向き合い、慢性的な屈辱感や急性的な屈辱感に襲われ、希望はいとも簡単に絶望へと道を譲ってしまう。日常生活の単純な活動でさえ困難と葛藤をもたらす。老人が疲れ切ってしばしば抑鬱的になるのは不思議なことではない。しかし、老人はすぐさま、夜になれば太陽は沈むということを受容し、毎朝太陽が輝きながら昇るのを寿《ことほ》いで見るようになる。光ある限り希望がある。どんな朝にもまばゆい光と啓示があるが、それが何をもたらすか、誰が知っていよう？

恥と疑惑 対 自律性：意志

親となった人であれば皆、子どもが二歳ぐらいの頃、驚くほど意欲的《ウィルフル》になり、自分の手でなんとかスプーンや玩具を握ろうとしたり、なんとか自分の足で立とうとしたことを記憶しているだろう。子どもの動きは遊び的だが、確固として自足している。彼らには歩こうとする強い意志があり、また歩くことができることを誇示している。意志が強ければ強いほど、歩こうと試みる。成長はあまりに早く、歩けた時の子どもの満足感はあまりにも大きいので、親はただおろおろし、成功を祈ることしかできない。しかしやはり限界はある。子どもは、度を越えてコントロールを失うと、不安定な状態に後戻りし、自信を失い、自分の能力に対する疑惑と恥の感覚に襲われる。

自分の身体についても人生の選択についても、自らの自律性を信じられなくなるにつれて、この疑惑に似たものが老人の中に再び戻ってくる。安全を確保するために、そして自己コントロールの喪失に由来する恥を避けるために、充分な確認は行なうのだが、何かをなし遂げようとする意志はどうしても弱くなる。安全確実なものを欲する《ウィル》が、完全に安全といったものはあり得ないからである。

自律性、つまり、あらゆることを自分の思い通りにしたいということが、どのような感じのものか、またどのような感じのものであったかを思い起こして頂きたい。この衝動は人が最後の息を引き取るまで続くのではあるまいか。あなたが年少の頃は、年長者はみなあなたより強く、力に溢れる存在であった。しかし、今や、力があるのはあなたより若い人である。もしあなたが短気で、あなたのためにしつらえられた状況に頑固に逆らったりすると、あなたの周りの強力な人たち――医者や弁護士や、そして成人したあなたの子どもたち――がこぞって口を出してくる。彼らの言うことはまったく正しい、しかしそれが逆にあなたを反抗的な気持ちにさせる。そして、あなたが大切にしてきた自律性に、恥と疑惑が忍び込むのである。

罪悪感　対　自発性：目的

自分で何かを始めるということは、新しい方向に向かって動き出すことを意味する。それは、一人だけの孤独な歩みであっても成功する場合もあれば、他者の関心や関与を引きつける行動である場合もある。自発性は勇敢で英雄的なものだが、それが不発に終わると、激しい収縮の感覚に襲われる。自発性が続く間は生き生きとして熱烈であるが、独創的な扇動者はしばしば不全感や罪悪感の中に取り残される。

若い頃に熱心にリーダーシップを発揮した人は、老年期になって、激しく燃やし過ぎた自発性に伴う罪悪感からなんとか逃れようと苦しむ場合がある。かつては独創的なアイデアに満ち溢れていたとしても、八〇歳を過ぎれば、それは回想の中の熱狂である。時間が経ってみると、それは度が過ぎて冷静さを欠いたものに思えてくる。目的の感覚と熱中の感覚は鈍り、もたもたと、あいも変わらぬ、人迷惑なペースで、ただついていくだけということが沢山出てくる。一方、老人が、文句なく魅力的で満足できる計画（ただし自分だけにとって）を遂行しようと熱心になりすぎる時、罪悪感がその醜い頭をもたげるのである。

劣等感 対 勤勉性：適格

勤勉性と適格は、自由の土地であり革新の地であるこの競争主義的国家において、誰もが認める才能である。自分は何が得意であるかとか、自分は何に向いているかという問いは、我々アメリカ国民が最初に抱く問いである。学校はそのような仕方で我々の人生をスタートさせる。そのため、幼い頃は創造性の源泉となっていた遊戯性《プレイフルネス》を、その後我々が取り戻すことはほとんどできなくなる。我々は皆、その適格性《コンピテンス》に基づいて格付けされる。

文章を著すことは、この適格性に対する我々の評価のあり方を示す格好の例である。ある人は素晴らしいアイデアを持っているかもしれない。それはひょっとしたら旧い考えを書き換えるほどのものかもしれない。しかし、それを明確に文章にしたり、正確に話したりする能力《コンピテンス》がなければ、その人はほぼ無能《インコンピテント》と見なされてしまう。人が行なったり行なおうとすることにはすべて、それが人々に受け入れられ理解されるために、適格の基準がつきまとうことは事実である。我々の実務的社会において秀でるためには、独創的であることや創造的であることが必要なのではなく、適格（有能）であることが不可欠なのである。

四〇歳代の生活の原動力であった勤勉性は、もはや想起することさえ困難な思い出である。自分の能力《コンピテンス》を、漲《みなぎ》るエネルギーを、あんなにも誇っていたのに！　しかし、今は、あの頃のような緊迫感はない。そしてそれは幸いなことである。何故なら、あの頃のようなペースで働く強さはもはやないのだから。難問に立ち向かおうと挑むと、あなたは自分の無力さに向き合わざるを得なくなる。老齢のために有能《コンピテンス》でなくなったと思うと、自分で自分が情けなくなる。そして、いい年をして、不満顔の小さな子どものようになってしまうのである。

同一性混乱 対 同一性確立：忠誠

同一性とは、誕生と同時に、一人一人の乳児を、その子であると認識させ、指し示し、他と区別させるものであるが、それはすぐさま命名によってさらに明確な形を与えられる。男子であれば男子の名前を与えられ、女子であれば、女性らしい音を持つ名前を与えられる。つまり、無数にある名前の中から、それは自分自身の名だと認識し応答できるものと、それは自分の名ではないと拒む名前が現われる。我々の出くわす最大の問題は、このように、「我々が何者であり、何者になろうとしているか」について、自分自身の考えるものと他者が考えるものとの間に生じる。他の人々は私をどのような人間と捉えているのだろうか？——これは自問してもなかなか適切な答えを見出しにくい、やっかいな問いである。

我々は、もちろん、様々な役割を演じ、できれば自分が本気で演じたいような役割を獲得しようと徹底的に試してみる。それは特に青年期の探究において顕著である。服装や化粧が同一性の代わりとなることもある。しかし、我々の足を地に着けさせ、かつ、自らがどこにおり、何者であり、自分が何にコミットする者であるのかをはっきりと見通すことのできる高みにまで我々の頭を引き上げてくれるものは、結局は、自分自身が誰であるかということに関する純粋な感覚を持つことだけなのである。

この実存的な同一性について混乱をきたすと、あなたという人間が、あなた自身にとっても他の多くの人にとっても、不可解なものとなってしまう。歳を取るにつれて、あなたは自分の地位や役割について不確実感を抱くようになるかもしれない。老年期に入った時に、あなたはどのような名前で呼ばれたいと思うだろうか？　あなたはどの程度人に頼らず独立していられるだろうか？　壮年であった時と比較して、八五歳を過ぎた時に、あなたは何者になっているだろうか？　自らの足場も目的も確固としていた以前と比べると、あなたの役割は不明確になっている。実のところ、旧い価値が急激に曖昧となり崩れつつあるこの時代においては、あなたはどのような役割やどのような位置を取ることを期待されているかについて混乱をきたすかもしれないのである。

孤立 対 親密性：愛

親密性と愛の歳月は眩《まばゆ》く、温もりと陽光に満ちている。愛すること、そして他者の内に自己を見出すことは、充足と歓喜をもたらす。家族に子孫を加えることは、心のふくらむ喜びである。子どもたちが成長し、一人前になって自分の人生を築いていくのを見ることは、満ち足りた思いをもたらす。

しかし、誰もがそれほど幸運で恵まれているわけではない。このような実り豊かな時期を経験できなかった人々は、孤立感と剝奪感に襲われる。思い出して味わうことのできるこのような実りを人生がもたらしてくれなかったとしたら、齢を重ねていく老人は、疑いなく、除け者にされ忘れ去られた感じを抱くだろう。写真や思い出話によって甦るこのような思い出が老年期の心の中に詰め込まれていない時、その代わりになるものの一つは、これらの喪失を埋め合わせるための、芸術や文学や学問に対する徹底的な傾倒である。これらの人の中には、彼らの仕事、彼らの天職と創造的活動に幸せに完全に打ち込める人もいる。

第九段階に到ると、多くの場合、これまで馴染んできた他者との関係の持ち方をそのまま続けることができなくなる。他者と交わり触れ合ってきたこれまでの仕方に、新たに姿を現わしてきた無能性と依存性が、暗い影を落とすからである。老人たちは、これまで以上に、周囲の人たちに向かって自分の方から交流を求めて行動を起こさねばならなくなる。何故なら、周囲の人たちは老人たちとどのようにして「打ち解け」ればいいのか分からずに、おどおどしたり困惑したりして、近づいてこないからである。「他の人たちとは異なる人」とどのように交流したらいいのか分からないという混乱から生ずる（周囲の人々の）ぎこちなさは、他者との自然な結びつきと親密な交流のチャンスを、多くの老人から奪い取る。この混乱に加えて、他者との交流範囲が、老人の場合、状況によって縮んだり広がったりすること、少なくとも頻繁に変化することがあげられる。

停滞 対 生殖性：世話

生殖性の段階は、発達図式上で最も長い期間（三〇年あるいはそれ以上）を占める。その間、人は、職業的なコミットメントを確立し、恐らくは新しい家族を持ち、健康で生産的な生活を過ごすことに時間とエネルギーを費やす。この時期、人は、仕事と家族関係を通して、世話をするという務めに直面させられるだけでなく、次第に範囲が広がっていく様々な義務と責任、様々な関心、様々な祝賀の儀式等に直面させられる。これらのことがうまくかみあって進む時、全てのことがうまくいく。最も近しく最も親しい人たちに囲まれて、世話をし世話をされながら生きるというのは、素晴しい時間である。これらのことが過酷で過重な時には大きな負担になったとしても、それはチャレンジングで、エキサイティングなことでもある。また、コミュニティとそこでの様々な活動に関与し、それに忙殺されることもあるが、しかしそれはつまらないことでは決してない。

この、しなければならないことが沢山ある時期が終わりに近づく頃、人は引退したいという衝動に駆られる。そして、何かに所属しているという刺激を失う経験や、自分が必要とされているという刺激を失う経験をすることがある。八〇歳や九〇歳になると、周囲の忙しく働く人々が課す変化の激しさにすばやく適応していく能力もエネルギーも衰え始める。生殖性は、活動的な個人の主要関心事となっていたものだが、老年期になるともはや期待されるものではなくなる。このことは老人たちを、世話をするという課題から解放する。しかし、必要とされないということは、役に立たないという宣告と感じられる。意欲的にとりくむ問題が与えられないと、停滞の感覚が次にやってくる。もちろん、これで一息つけると喜ぶ人もいるのだが、しかし、人が、生み育てること（generativity）、新しいものを生み出すこと（creativity）、他の人を大切にすることや他の人と一緒に世話をすることから完全に退いてしまうなら、それは死よりも始末の悪いことである。

絶望と嫌悪 対 統合：英知

「英知」の最終的な定義の中では、我々は、英知は、見て覚える力の中に宿るとともに、聴いて覚える力の中に宿ると主張する。また、統合は、触覚（tact）、触れ合うこと（contact）、触れること（touch）を要すると主張する。しかし、これらは老人の諸感覚に大きな負担を強いる。鋭《タ》い感覚《ク》と機《ト》敏《フ》な判断《ル》を学ぶには、一生涯が必要だし、忍耐と技術も要求される。うんざりしたりがっかりしたりする恐れは充分にある。九〇歳の人にとっては、置き忘れた眼鏡を探し当てるだけでも、大変な仕事なのだ。我々は補聴器や眼科手術の進歩を歓迎したりするが、にもかかわらず、第九段階の老人は、英知が要求するような良好な視力や鋭敏な聴覚を持っていないのが普通なのである。

同調要素と失調要素のせめぎあいの中にあって、時間が経つにつれて、失調要素が優勢となる。すなわち、絶望がいつも「そばに付き添う」ようになる。しかし、第九段階における絶望は、第八段階での絶望とは、やや趣を異にした経験を反映している。第八段階における生は、それまでの人生に関する回想的な評価を含んでいる。つまり、様々な好機を逸したとして後悔するのではなく、良く生きたとして自分の人生を受け容れられるかどうかが、その人が経験する嫌悪や絶望の程度を決定する。かつてエリックが述べたように、「すでに時間はない、今や人生をやり直そうとするにはそれは短すぎる、統合への別の道を試みるには短すぎる……という感情を、絶望は表現している」[8]のである。

しかし、八〇歳代から九〇歳代になると、人はそのような贅沢な回想的な絶望などしてはいられなくなる。能力の喪失や崩壊が彼の関心の全てとなる。その日その日を無事に過ごせるかどうかが、それまでの人生にどれだけ満足しているかいないかに関わりなく、彼の関心の焦点となる。もちろん、その日その日に起こる辛い出来事への反応としての絶望は、それまでの自分やそれまでの自分の人生に対する評価に影響されるのであるが。

八〇歳代や九〇歳代の老人はまた、たくさんの喪失経験に見舞われてきている。それは、遠い関係の人である場合もあれば、両親や伴侶といった深く近しい関係の人である場合もある。子どもである場合さえある。自分自身の死の扉がそれほど遠くないところに開いているという明確な予告だけでなく、その他にも、向き合わなくてはならない多くの悲しみがある。

九〇歳を越えても、これらのハードルや喪失を生き抜き、それに対処していかなければならないのだとしても、しかし、人には頼るべき確固とした足場がある。人生の出発点から我々は基本的信頼感という恵みを与えられているからである。それがなければ人生を生きることは不可能であり、それがあるからこそ我々は生き続けてこられたのである。この基本的信頼感は、生き続けていくための力として、希望というものを我々に付き添わせ、希望という当て木を我々に与えてきた。基本的信頼感の起源がどのようなものであるか（あったか）に関わりなく、また、この希望が如何に厳しい試練にさらされてきたとしても、基本的信頼感は我々を完全に見捨てることは決してなかった。基本的信頼感のない人生はほとんど想像することも難しい。もしあなたがまだ、生への願望や、更なる恵みや光となるものへの希望に満ちているのならば、あなたは生きる理由を持っている。もし老人が第九段階の人生経験に含まれる失調要素を甘受することができるのならば、老年的超越性（gerotranscendence）に向かう道への前進に成功すると、私は確信している。

エリックがしばしば指摘したように、個人のライフサイクルは、社会的文脈（個人のライフサイクルはこの中で実を結ぶのであるが）と切り離しては十分に理解できない。個人と社会は複雑に織り合わさり、絶えざる交流の中で相互にダイナミックに関係し合っている。エリックが言うように、「老年期に関する生きた《ヴァイアブル》理念を文化として持っていなくては、我々の文明は人生全体の概念を真に持つことはできない」。この理念を持たなければ、我々の社会は、社会の基本的パターンや慣習の中に老人たちを如何に組み込んでいくか、あるいは社会の活力ある営みの中に老人たちを如何に組み込んでいくかについて、真に理解することはない。そのような場合、老人たちは社会の中に包み込まれるのではなく、排斥され、無視され、見落とされてしまう。老人たちは、もはや英知を生み出す者ではなく、恥を具現化した者と見なされる。第九段階の老人たちがかかえる困難そのものが社会的な無視を引き出し、また彼らの困難が社会的無視によって更に悪化させられるという両面を認識したうえで、老人と社会の間の相互作用について更にきめ細かに考えていこう。

六　老年期とコミュニティ

老人にとって素晴らしい体験の一つは、孫たちとの飾り気のない会話である。ある晴れた日、孫のクリストファーと一緒にコッド岬でブルーベリーを摘んでいた時、私たちはこの優雅な仕事に大喜びをしていた。彼が、手の届く低い枝の実を器用に摘み取っている間、私はしげみの上の方の実を摘み取ることに勤しんでいた。私たちはブルーベリーを一つ残らず摘み取り、籠の中がいっぱいになった。そのうちに、私は岩に座ってひと休みしなければならなくなったが、彼はまだ元気だった。彼は少しばかり作業を続けてから、私の前にまっすぐ立ち上がって、本質を突いてきた。「おばあちゃん」と彼は言った。「あなたはお古で、僕は新品なんだ」。議論の余地のない宣告である。

御存じの通り、我が国では、役に立たない古いものはごみ捨て場に運ばれる。しかし、我々は「リサイクリング」なるものを導入してきた。古い物が役立つ期間を引き延ばし、くず山の堆積に耐えている土地に過度の負担をかけないようにする試みである。我々は、老人たちをごみ捨て場に連れて行きはしないが、彼らをリサイクルすることに対しては充分なことをしてはいない。老人たちに、よりよい目の治療、より多くの眼鏡、より多くの補聴器が入手できるようにし、大きな活字の本だけでなく、大きな活字の雑誌や新聞をも提供できたらどうなるだろう？　ヘルスケアーの専門家たちは皆、健康と移動能力を維持するために、少なくとも毎日歩くことを奨励している。しかし、老人がゆっくりと注意深く歩ける安全な歩道や通りを備えた町や都市はほとんどない。この国で、老齢の買い物客が買い物袋や荷物を家に運ぶ途中に、ほんの少しの間ひと息入れたり休めたりできるベンチがところどころにあるような街を見たことがあるだろうか？

私の人生が、これまでは第八段階と名づけられていた最終段階に進むにつれて、私は予期せぬ経験や観察にしばしば直面し、それについて考えをめぐらすようになった。我々の社会で老人に向けられる通常の姿勢は、驚きあきれるものである。歴史的文書や人類学的文書や宗教的文書には、古代、長く生き延びた老人は、称賛され崇敬すらされたと記録されているのに、年老いた人たちに対する今世紀の人たちの反応は、嘲りであり、侮辱の言葉であり、激しい嫌悪ですらある。救いの手が伸べられる場合でも、大袈裟でやり過ぎになる。プライドは傷つけられ、自尊の念は潰れかかる。つまり、老人には、まったく遊びのない第二の幼児期が提供されていることになる。老人が容易に階段をのぼることができなかったり、よろよろとした歩き方しかできないと、思考力や記憶力も損なわれていると判断されてしまう。この判断に逆らうことは難しい。しばしば屈服してしまいがちだ。耳の聞こえない人や目の見えない人たちは、その障害に対処する何らかの方法を見出し、自分の感情や判断や行動の早さを問われることなく生きていく人間的権利を守る方法を見出し、更に、彼らをサポートする申し分のない制度に支えられているのだが。

自分自身を知ることが真の英知であり、自分自身を知ることが自分の耳と目を開かせるということがこれまで学んできたことであったが、しかし、人は、このたった一つの知識だけで死の扉への最後の長旅に充分な準備をすることができるだろうか？　我々の社会は、最後のライフサイクルの段階への移行を容易にするために、そして多くの老人の存在という事態に適応するために、何をしてきたのだろう？　全人口が高齢化し、八〇歳を越える人々が増加し、薬は寿命を延ばすために大きな進歩をし続けている。しかしながら、我々の社会と我々の生活設計の中に老人たちをどのように組み込むかというプログラムは、未だなお、充分に構想され計画されているとは言えないのである。

しかし、我が国、特に人口密度の高い都市において、老人を如何にサポートしケアできるかを考え始めた時、我々は大きな前進を遂げた。老人がしばしば二四時間のケアを必要とすることは明瞭だった。いくつかの入所ケア施設が都市内で着手されたが、しかし、都市には人が溢れ、騒がしく、空気は汚染されているので、郊外にふさわしい住居を見つける努力もなされた。それは一つの進歩だったが、しかしすぐに、市街地や大都市周辺から更に離れた土地の方が、候補地も豊富で、安価で、多くの点で実用的であることが分った。広大な敷地が購入され、注意深く設計され、開発された。これらの開発の多くは、美しい環境を備え、優れたケアと管理のみならず、入念に計画された娯楽のスケジュールをも提供している。そのような施設のために選ばれた場所には、しばしば美しい木立や池があり、「入所者」が利用できる魅力的な散歩道を備えている。老人のためのこれらの住居が、あらゆる面で彼らのニーズを満たすために計画されていることは、コストが多くの人から見ればあまりに高すぎる点を除いては、論争や批判の余地なく明白なことである。

一般に、入所施設が大きくなればなる程、職員はより専門化し分業化するようになることが分かっている。多くの人が夜勤に従事しなければならない。休暇の少なさや過重労働がしばしば職員の激しい入れ代わりをもたらし、更にそれが不慣れな新職員のミスを招いている。職員のほとんどが施設区域の外に住んでいるので、大きな駐車場が施設の周囲を取り囲んでいることが多い。トラックが、食べ物や飲み物、事務用品、衣類そして娯楽を運んでくる。美容師が定期的にやって来る。靴屋、歯医者、マニキュア師、マッサージ師も同様である。厨房の職員がやって来ては去る、給仕の職員も同様である。多数の清掃員が早朝にやって来て、「入所者」や客人を受け入れる準備をする。この点からすると、施設はまるで大きなホテルのように運営されている。様々な活動のディレクターや委員会の指示のもとで、毎日、様々な活動プログラムが実施される。休息日のサービスや特別なイベントや休暇は定期的に職員によって計画される。一方、「入所者」には特定の活動に対する希望を伝える機会がある。例えば、ビンゴは人気のある活動の一つである。活動の内容、介護に費やされる時間やその質には大きなバリエーションがあるが、しかしかなり良い仕事が成し遂げられているという事実は注目すべき立派なことである。

そして、そこに老人たちがいる――彼らのためにこれらすべてが考案され、彼らのために医師や看護婦がいる、そういう老人たちが。老人たちはもたもたとして不安げで、時には無力になっている。多くの人が車椅子や歩行器やステッキを必要としている。失禁する人もいる。食事の問題を持つ人もいる。骨折しているのに治癒していない人も多い。いくらよく見ても、こわれやすいコミュニティである。相互関係の継続性と日常の円滑な運営は常に脅かされている——組織的な〝機構〟のどこか一つの予期せぬ故障によって、そして、サービスする人とサービスされる人の数の変動によって。

何かがひどく間違っている。身体的なケアを受けながら楽しく生き延びることを可能にするために、我々の老人たちを、遠く離れた施設の中に「この世界から外して」送り込むことがどうして必要だったのだろうか？　人間は全て、様々な喜びと悲しみを携えて、老年期に向かって進んでゆく。しかし、もし我々の生活空間の中に役割モデルとなる老人がいないのであれば、たった一人で直面しなければならない人生の終わりを如何に迎えるかを、彼らからどのようにして学ぶことができるだろうか？　一つの解決策は、恐らく夢に過ぎないが、全ての都市に、誰でも利用できる素敵で安全な公園を置くことであろう。公園のまん中には、老人の施設がある。可能ならば、身内の者や身近な友達と公園内をちょっと散歩したり、車椅子に乗ったりできる。身内の者や身近な友達も、訪ねてきては老人とテラスやデッキに座っておしゃべりができる。我々は皆、彼らと話すことができ、彼らの物語を聞くことができる。そして、耳を傾けるに値する英知を彼らが未だに持っていることを知るのである。

大なり小なり友人や親族の喪失に出会いながら、第八段階を乗り越えてきたとしても、身体の強さや能力はゆっくりと、しかし確実に衰える。しかし、九〇歳を越えた友人や親族を身近に持っている人はほとんどいないので、第九段階の人生がどういうものかという経験を我々はほとんど共有できていない。この知られざる未来に対して如何に順応するか、そしてそれを如何に豊かに有意義に刺激的なものとするかを、我々はどのように思い描くことができるだろうか？　我々は、どのような「幸せな老い」のストーリーを思い描きつつ、自分自身に忠告したり教えこんだりしながら、老いへの道を歩んでいったらいいのだろうか？　恐らく、九〇歳を越えた老人たちは、ともに集まって、新しい経験を比較したり、すぐにできる楽しい計画を立てたりすべきなのであろう。無理をしないで、若者たちとのつき合いを弱め、そこから離れて、そこに生まれる恩恵と満足感を共有すべきなのであろう。

私は、南ヨーロッパの街路で、家の外のベンチに腰掛け、パイプをくゆらし、おしゃべりやジョークを言い、世の中の過ぎゆく様を眺めている老いた男たちの姿を思い出す。老いた女たちは家の中にいて、恐らく近所の噂話でもしていたのだろう。言葉づかいは男たちとは異なるが、同じようにスパイスのきいた会話を楽しんでいる。中国やインドやチベットでは、老賢者は洞窟の中に住まい、若い崇拝者や弟子たちが運ぶ食べ物を楽しむと聞いている。孤独は彼らを絶望させず、人々の訪れが彼らの生活に息吹を与え、それを力づけ、価値あるものにする。

北極地帯においても適切な行動様式が考案されてきた。エスキモーがより良い猟場や漁場を求めて共同体《コミュニティ》全体で遠隔地に旅立つ時、彼らはソリや犬や装具、そして全員のための充分な食料を準備する。

旅の間は、立ち止まることは許されない。容赦ない寒さが襲うからである。万一、老人がついていけなくなると、氷でイグルーを作らねばならない。しかも、一人分のイグルーを。老人はその中に入れられ、置き去りにされる。彼は、それが永遠の別れになりうることをあらかじめ理解し知っているし、それを望んでもいる。共同体全体を引き止めて危機にさらすより、自分が凍え死ぬことの方が良いからである。無論、共同体の成員は全てこのような事態をいつも覚悟している。この必要性を理解している点で、老人は称賛され崇められる。共同体の成員全てが、このような老人を称揚する儀式に加わる。しかし、このような威厳と畏敬に満ちた通過儀礼を捧げるのに必要な共同体に対する信仰と信頼が、我々の文化の中には、恐らく、欠けているのである。

我々はこのような最期の別れに対して、ふさわしい言葉も、ふさわしい仕草も、ふさわしい歌も、ふさわしい構えも持っていないように思える。もっとも、我々は皆、次のような悲痛な葬送歌を知っているのではあるが。

あなたは孤独の谷を越えねばならない
あなたはひとりぼっちで孤独の谷を越えねばならない
あなたのために孤独の谷をゆこうとするものは誰もいない
あなたはひとりぼっちで孤独の谷を越えねばならない

我々はこんなに虚ろで侘しくならねばならないのだろうか？　我々と同じ時期に死んでいく生きとし生けるものたちはいないのだろうか？　もはや飢えの不安に襲われる必要もなく、我々は全ての生き物たちと一緒にこの谷を渡ることができないのだろうか？　走って、這って、立って、飛んで、踊って、解放の声をあげて、笑い声や吠え声や歌声をあげて。恐れから解き放たれ、好奇心に溢れ、自由で、全てを超越して。

この一年、私は家庭生活において「うまくやり遂げる」ことのできなかった多くの老人とともに過ごし、彼らの姿を見守る機会を持ってきた。彼らは特別なケアと介護施設の助けを必要としていた。ステッキや歩行器の支えを得ても歩行が如何に難しいか、まっすぐ立つことさえも如何にぎこちなくしかできないか、座ることさえも如何に心もとないものになってしまうかを見てきた。身体のバネやリズム感は彼らから去ってしまった。ころんで倒れることは、彼らの心を常に襲う恐怖であった。怪我をする危険と、倒れた床から再び起き上がるという試練――起き上がること自体が大変という試練と、それによって気持ちが落ちこむという試練、の二つの試練――にさらされるからである。このような悪条件を彼らが何とか切り抜けていく姿は、驚くべきものであった。これは、彼らよりも好条件の中で人生の試練や困難に直面している若い人々への警告でもある。

社会生活から「退いた」これらの人たちは、変化の乏しい狭隘な日常生活の中で、気晴らしや刺激や喜び、あるいは生き抜くために必要な精神や感覚の育成を、どこに見出しているのだろうか？　確かに壮観な自然の美や季節のうつろいは、大小にかかわらず、我々すべてに驚きと刺激を与える。様々な芸術もそのような刺激を与える役割を果たしてきた。美を愛でる感覚、歌を楽しむ感覚、そして他のあらゆる感覚は老人の中にも未だ息づいていて、それを力にし、引き出し、吸いあげることができる。宗教的なグループは、その成員に対して、また、救いを求める貧窮者に対して、永続的なサポートを提供する。家族は、現在の関係を維持するために、できる限りのことをする。可能な限りの助けや温かさを、できる限り続ける。住居が離れていて直接関わることができない時は、通報があれば、ホスピスのような組織が一人住まいの老人への救助に活発に動く。

老人と関係を結ぶために有効な特別なアプローチとは何だろう？　心と心、感覚と感覚、精神と精神の出会いのために、優しさ《グレース》と洗練された鋭敏さを、力の限り振り絞って、どのように表現することができるのだろう？　ある点では、我々は、その意味を本当には理解することなく、経験的にその答えを知ってきた。我々が本当に困難な問題にぶつかった時、我々よりも見識のある人の「手の中に」その問題を委ねることである――もちろん、まさしく理想的なヘルスケア制度が提供する手の中に、理解ある有能な優れた手の中に、自分の気持ち《ニーズ》をうまく表現できない人とのコミュニケーションに関して慎重なトレーニングを受け豊富な経験を持つ手の中に、である。「手の中に」というこの言葉ほど、患者にとって如何に人の手が重要かを明確に表わすものはない。意識的に注意深く手を用いることが、孤独感や見捨てられ感を持つ患者への世話や彼らとの快い関係の中で、我々の人生をより意味深いものにする。手は、人が生きていく中で、生き生きとした関わり合いを持つために不可欠なものである。

　もし、社会生活から引きこもった老人が、毎日ではなくとも、定期的にマッサージを受けることができれば、それは驚くほど有益で、老人の心をリフレッシュし落ち着きをもたらすと私は確信している。我々は健康維持のための接触とコミュニケーションとの区別を心に留める必要がある。健康維持のための接触とは、からだを拭く、抱き起こす、食べ物を与える等の、からだの衛生と健康管理のための接触である。コミュニケーションのための接触とは、背中や肩をさする、手を握る等の、人間関係のための接触である。たとえ健康維持のための接触であっても、尊敬に満ちた人間味溢れる配慮を持って行なえば、患者の心の中に、からだを拭かれる物、運搬される物として扱われるのではなく、人間として扱われているという感じを残すのである。

七　老年的超越

老人が身体や能力の衰えに対して如何に向き合っていくかを追跡する研究の中で、老年学者たちは、ある種の老人が発達させ保持している一つの状態を記述するために「超越」という言葉を使い始めている。まずはじめに、スウェーデンのウプサラ大学のラルス・トルンスタム教授と彼の共同研究者たちが提起した「老年的超越」(gerotranscendence) という言葉の定義を引用してみよう。

他の研究者の理論や観察だけでなく、我々自身の研究を出発点として……我々は次のように提案する。人間の加齢、特に老年期に入っていく過程は、老年的超越にいたる潜在的可能性を含んでいると。簡単に言えば、老年的超越とは、メタ的な見方への移行、つまり物質的・合理的な視点からより神秘的《コスミック》・超越的な視点への移行である。また、通常は、この移行とともに、人生の満足感の増加がもたらされる。「宗教」の定義によっては、この老年的超越の理論は、宗教的発達の理論とみなされることもあれば、そうでないこともある。ニストロムとアンデルソン－セゲステン (1990) は、末期患者の研究において、ある種の患者の中に、心の平穏という一つの状態を見出している。この状態は、多くの点で、我々の老年的超越の概念に近似している。しかし彼らは、患者のこの心の状態と宗教的信念や宗教的行為の存在との間に如何なる相関関係も見出していない。宗教的信念や行為とは関係なく、患者は心の平穏な状態に達したり達しなかったりすることになる……ユングの個性化過程の理論では、老年的超越とは、成熟と英知に向かう自然な過程の最終段階とみなされる。それは、通常の壮年期の現実（老年学者はこれを老人に投影しやすいのだが）とは少々異なる一つの現実を定義してみせる。その理論によると、老年的超越に達している個人は、宇宙の精神との神秘的交信という新しい感情、時間と空間と生と死の再定義、そして自己の再定義を体験している。このような個人はまた、物質的な事柄への関心の減退と、孤独な「瞑想」の必要性の増大を体験しているという[9]。

これらの理論家たちは、様々な老年学者の言説や禅仏教の知見、他の多様な研究領域から明らかになったことを引き合いに出しながら、議論を続けている。

先に引用した報告の中では、老年的超越に達した個人が体験するものは以下のように記載されている。

1　「宇宙の精神との神秘的交信という新しい感情がある」。（この意味については、ルイス・トマスの「The Lives of a Cell」を参照されたい）。

2　九〇歳を超えた人にとっては、誰にとっても、時間というものは今現在もしくは次の一週間くらいに限定される。それを超えると見通しがぼやけてしまう。
3　空間は、その人の身体的な能力がまかなえる範囲内に緩やかに狭まっていく。
4　死は親しいものとなってくる。それは全ての生けるものが必ず辿る道である。
5　自己の感覚は広がり、自分と関わりのある他者をも広く含むものとなる。

「超越」という言葉は、気軽には使い難い言葉である。というのは、この言葉には、特別なもの、神聖なものといったニュアンスが深く刷り込まれているからである。辞書によれば、「超越すること」は、単純に、「高みに上ることもしくは限界を超えること、凌ぐこと、際だつこと」を意味する。また、「時空を超えること」とある。「超越」という言葉自体は宗教の領域に置かれ、神聖な意味を有し、日常的な使用は禁じられてきた。この言葉が全ての宗教の中で使われることは驚くにはあたらない。何故なら、それは、真の信仰者全ての希望と期待を表わすと同時に、人智を超えた領域を表わすものだからである。

古い時代を研究する歴史家たちは、東洋では老人が長年の功労と的確な判断力ゆえに高い尊敬を得ていたことを実証している。賢明な老人は、地域社会《コミュニティ》の生活の喧騒を離れ、山の中や人里離れた場所に引きこもり、そこで余生を送ることが賞賛されていた。隠居は寂しいものであったろうが、自尊心を損なうものではなく、引退の年月を送るに充分な食事を与えられ、世話をされていた。世界中の多くの地域でも、宗教的指導者でさえ、修道院の多忙なスケジュールから身を引くようにするのだと、私は聞いている。

恐らく、老人は、隠遁と孤独の中で初めて自分のあり方についてゆっくりと考えることのできる場所を見出すのであろう。考えてみれば、時間が自分の心と身体に課してきた変化を受け入れて、心の平穏を見つける方法が、他にあるだろうか？　競走と競争は終わり、やり終えてしまったのだから。老年期には、急ぐことや張りつめていることから自分を解き放つことが義務となる。このことを素早く学ぶ人もいれば、遅過ぎる人もいる。

日々の活動に常時携わることから意図的に身を引くというこのタイプの「引退」は、自ら選んだ引退である。しかし、このようなスタンスは、生き生きとした関わり合い（vital involvement）の欠如を必ずしも意味するものではない。携わらないが、関与し続けるということもありうるからである。「深く関わりを持ちつつ、関わらないこと」（deeply involved, disinvolvement）とエリックが言うように。この逆説的な状態が、超越的であることの内実、「物質的・合理的な視点からの……移行」をまさに示しているように思える。しかしながら、引退や隠遁が人生や他者への侮蔑に動機づけられている場合には、そのような心の平穏や超越が体験されることは起こりにくい。

引退を選択する余裕のある人は幸せである。老人の多くは強制された引退に直面する。目、耳、歯、骨などを含む身体組織全体の衰えは、他者や外界との接触を必然的に減少させていく。衰えに対する情緒的・心理的な反応そのものが、接触の範囲を狭めていくことも多い。もちろん、この傾向は社会によって生み出されるものでもある。社会はしばしば、他者と出会うことも他者と声を交わすこともほとんどない場所に老人たちを追いやるのだから。この意味では、介護施設の中に自分の意志で入る場合と、強制的に入れさせられた場合との相違は大きい。また、身体的能力の障害で入所したような場合には患者は自然に態度を変えることができる。例えば、身体能力のかなりの改善があれば、不本意な入所《ウィズドローワル》をひっくり返すこともありうる。しかし、強制的な入所にもかかわらず超越に達することは、まったく不可能ではないが、極めて難しいと思われる。

老年期の自己感覚に関して、社会的な有効性と活力を有するそれを作り出そうとする時、我々は我々の時間的同一性（time identity）を問われているのである。我々は現在の重荷から逃れるために素敵な未来の時間に目を向ける。老年期に関して社会が提供する通常のモデルは、手放すこと（letting go）を奨励するものであった。新しい生活や役割を探すこと、つまり新しい自己を探すことではなかった。この誤った老年期の概念、もしくは否認の促進が、正常な発達を行き詰まらせる。成熟から死にいたるまでの正常な精神発達とは、一体どのようなものなのだろうか？　年老いていく自分に幻想を持たずに直面する勇気は我々には備わっていないのだろうか？　歳よりも若く見えたり、若く見せようとすることは、お芝居に過ぎない。謙譲という英知は、いつまでも持ち続けられる不思議なほど強いものだが、それが奨励されることはほとんどない。完璧を求めたり期待に応えようとするあまり、我々は年甲斐もないことだからと創造的活動や創造的想像に「惚れ込むこと《ラブ・メイキング》」から尻込みしてしまう。

本当は、我々はもっともっと人間的になるように、呼びかけられている。我々は世界が我々に課した限界を超える自由を発見し、それを実らせなければならない。生まれた時は、我々は我々に与えられたままのものであった。自分自身の足で立つことをしっかりと学び終える壮年期までには、我々は次のことを学ぶ――我々は、我々の人生を全うさせるために、他者に与えることを求められていることを。そして、それによって、この世を去る時には、我々が与えてきたものを体現する存在に我々自身がなることができる。このような観点から見れば、死は、我々が与えうる最後の贈り物でもある。我々は日々そう信じている。我々が生まれ出てきた源泉に対して新たに加えるに相応しい何かを、我々自身の生を生きること自体によって生み出すことはできないのだろうか？　フロリダ・マックスウェルが気づかせてくれたように、我々の全き義務は、我々のあるがままの姿を明確化し拡大すること、我々の意識を純化することであろう。そして、我々の生まれ出た源泉にお土産を持って帰還するには、一生涯をかけた努力が必要なのであろう。

老年学者が「老年的超越」という用語を使う時、彼らは、記述しうることを可能な限り明確に明細化して述べることをしない。彼らは、老人が老年期の危機に向き合うなかで獲得し遺していくものに十分な考慮を払っていない。彼らはまた、（老人が与える）新たな肯定的な精神的贈り物についても、充分な探究を行なっていない。多分、彼らは若すぎるのだ。私は、老境に入っても未だなお、いささか霊妙な響きを持つ幾つかの言葉を活性化させ、それらを実際の行動の生きた構成要素とすることに、意欲を燃やしている。そして私は非常に喜ばしい発見をした。もし「トランセンデンス」（超越）が活性化されて「トランセン**ダンス**」(transcen*dance*)[10]になれば、「超越」はまさに息づき始めるということだ。このトランセン**ダンス**は魂と身体に語りかけ、我々の世俗的な実存にまとわりつく失調的な側面――我々の真の成長や向上に過酷な負担をかけて、我々を成長と向上に向かわせないように働くもの――を乗り越えるという課題に「超越」を挑ませるのである。

老年的トランセン**ダンス**(gerotranscen*dance*)の域に達することは、時空を超えて、高みに上がること、凌ぐこと、まさること、限界を越えることである。それは人間の知識と経験の全てを越えることを含む。しかし、一体全体、どうやってこれを成し遂げることができるのだろうか？　実際に行動し具体的なものを作ることによってのみ、我々はその域に達するのだろうと、私は思う。もっとも、超越に達するには隠遁の経験が不可欠というわけではない。我々は、触れることによって、他者や地球と交流《コンタクト》する。トランセン**ダンス**とは、（遊びや活動や喜びや歌を含む）失われたスキルを取り戻すことであり、そして、何よりもまず、死の恐怖を乗り越える大きな跳躍である。それは、着実な跳躍によって未知の世界に前進する通路《オープニング》を与えてくれる。不思議なことに、このために我々に求められるものは、誠実で揺らぐことのない謙譲なのである。

我々を関わりの中へと鼓舞する幾つかの素晴らしい言葉がある。トランセン**ダンス**は、もちろん、その種の言葉の一つである。それは活動するものである。それは一つの芸術であり、生きていて、歌い、音楽を奏でる。それは私の魂に真実を囁くので、私は歓喜にふるえる。それを文字に表わすことが難しいとしても不思議ではない。トランセン**ダンス**は芸術の言語を呼び覚ます。この言語ほど、我々の心や魂の奥底へと意味深く語りかけるものはない。人生という偉大なダンスは、身体と心と精神を隅々まで使うありとあらゆる活動へと我々を導いていく。私はかつて自分が年老いて使い古しのようになったと感じていたのだが、ある時突然偉大な豊かさが出現し、私の身体を隅々まで目覚めさせ、至るところにある美しいものへと広がっていったので、心から感動したことがある。きっとどこかでキーツが物思いに耽りながら微笑んでいるに違いない……。

「美とは真実なのだ、真実は美」と—この世で
　知ることのできるのはこれしかない　知るべきこともこれしかない　と
（『新訳　キーツの詩集』高島誠訳、彌生書房、一九七五年）

老いるということは偉大な特権である。それによって、長い人生を振り返り、振り返りつつその人生を追体験できる。年を経るごとに回想の範囲は広がり、場面や動作が目の前のことのようにリアル

に甦ってくる。時には、遠い過去の場面や体験を思い出してうろたえ、記憶の中で追体験するだけで心が打ちのめされることもある。頭と心が過去を追う時、自分が険しい丘の上り坂にいるように感じるが、それは第九段階においては自然なことである。この険しい丘を登る道は、日の出と日没に出会うことのできる見通しの良い場所に向かう道でもあるが、そこは狭くて岩やがらくたが転がっている。しかし、一歩一歩が我々に報い、さらに高いところへと我々を引き上げてくれる。また、歩みを進めるごとに、解き放たれた景色がいっぱいに広がり、広い空とそこに浮かぶ雲々がゆったりと優雅な大演習を繰り広げている。

しかし、楽しい話ばかりではない。この登山そのもの――それが如何に苦しいものであっても――を可能にする自分の身体に対して、我々は様々な義務を背負っている。例えば、背中の荷物についても考えなくてはいけないし、また、それ以前に、加齢や衰えにもかかわらず身体がちゃんと動くように普段から手入れをしておかねばならない。第九段階では、そして特に管理と世話を必要とする人たちにとっては、持ち物を軽くする配慮も欠かせない。山に登ろうと望むのなら、瞑想があなたを手招きしているかどうかには関係なく、旅は軽装でなくてはならない。成功するためには生涯にわたるトレーニングが求められる。失敗や後退を地形や光や風のせいにするのは簡単である。休憩の時間も必ず取らなければいけないが、自分を憐れんだり前進をためらったりしている時間の余裕はない。明かりもまた必要である。道のりも日数も短いからだ。薄明かりの中で歌うことは楽しい。暗闇は解放感をもたらし、身近で親しい最愛の人たちに関する夢をもたらす。

このようにしてあなたはあなたの道をゆく。昇る陽に顔を向け、滑りやすい不安定な石に注意深く目を向け、そして、呼吸を荒げながら。あなたはペースを落とさざるをえなくなり、前進への決意の再確認を強いられる。前進すべきかそれとも諦めるべきかと、同調的な衝動と失調的な衝動が、常に、支配権をめぐって、そして、成し遂げようとする意志をめぐって、争っている。あなたは試練にさらされ、試されている。この緊張感が的確にコントロールされ、一点に集中すると、成功が訪れる。全ての歩みは、同調的衝動の主権と意志の力を試しているのである。

原　注

1 *The Life Cycle Completed*, p. 9.

2 Diane Wolkstein and Samuel Noah Kramer, *Innana, Queen of Heaven and Earth* (New York: Harper & Row, 1983, pp. 155-56).

3 この著作に関わる仕事の一部については、ペンシルバニア州、ピッツバーグのモーリス・フォーク医学財団の援助を受けた。

4 このような進化の過程での可能性及びそれを意識しておくことの必要性について、私の信念は現在でも基本的には変わっていない。しかしそれを様々な様式と部位に関する図式の中で提示した仕方 (Erikson 1963) は、全体の構造を単純化しすぎており、誤解を招くものであったと認めなければならない。

5 この「他者」という用語は、フリースにあてたフロイトの書簡の中で用いられている言葉であり、そこでフロイトは、彼女の中に「(唯一の) 他者」(the Other, der Andere) を求める、と告白している (Erikson 1955 も参照せよ)。

6 「擬似」という用語は、自然学者 (naturalist) が用いる時には、故意の欺瞞を意味するものではない。むしろそれは、天地万物と歴史の中で、自らの種族が壮観・無比なものとして際立つような外観を、多かれ少なかれ遊戯的に創り出そうとする、人類共通の、壮大な (もったいぶった) 傾性を指す。潜在的には創造的な傾性であるが、極めて危険なものにもなりうる。

7 アインシュタインはかつて「一つの具体的事物を理解 (了解) する」ということは、それに「実在」という性質を付与することであると述べている。さらに彼は「感覚経験の世界が了解可能なものであるという事実は、ひとつの奇跡である」(1954) とも述べている。

8 *Childhood and Socity*, p. 269

9 L. Tornstam, "Gerotranscendence: A. Theoretical and Empirical Exploration," in L. E.Thomas and S. A. Eisenhandler, eds. *Aging and the Religious Dimension* (Westport, Conn.. Greenwood Publishing Group, 1993).

訳注

（1）“configuration”という用語は、事象を因果論的に把えたり、事象を部分や要素に分解した後にその総和として把えたりするのではなく、事象全体の「相」や「かたち」や「配置」や「構造」そのものを、そのまま受けとめようとする認識方法を主張する際にしばしば用いられる。本書での訳語は従来の慣例に従って「形態」とし、「コンフィギュレイション」とルビをふったが、文脈によっては、「全体的構造」「ゲシュタルト」などと柔軟に訳出したところもある。「ゲシュタルト心理学」を知っている読者は、この「ゲシュタルト」の訳語が“configuration”であることを知ると、的確な理解が出来るかもしれない。

（2）“crisis”及び“critical”の訳語について、次のことを指摘しておきたい。crisis という語は、本来は「巨視的な物理系の性質が、或る温度を境に不連続的に変わること（例えば気体から液体へというように）」（臨界現象）に関わる用語であり、「臨界」あるいは「臨界期」という訳語が最も相応しいものと思われる。しかし、我が国におけるエリクソンの翻訳書ではほとんど「危機」と訳されている。各々の発達段階における「臨界期」が、困難な葛藤の解決という性格を有し、それ故に危機的な様相を帯びるからである。これについては、著者自身による次のような注釈がある。「例えば、図式が一連の葛藤や危機《クライシス》を列挙したとしても、われわれは、全発達を危機《クライシス》の連続であるとは考えない。われわれは、心理社会的発達は危機的《クリティカル》段階の解決によって漸進すると主張するだけである——「危機的《クリティカル》」というのは転機の特質であり、前進か退行か、統合か遅滞かを決定する瞬間の特質である。」（『幼児期と社会1』p.348）

本訳書では、文脈に応じて、crisis を「臨界（期）」「分岐点」「発達的岐路」あるいは「危機」と訳し、critical を「決定的」「臨界期の」あるいは「危機的」と適宜訳し変えているが、単純に「危機」あるいは「危機的」という訳語を用いた場合でも、上述のような意味をもつ言葉として理解していただきたい。

（3）“instinctive”と“instinctual”という用語は、訳語としては「本能的」と同一になるが、原著者は両者を注意深く区別して用いている。"instinctive"という語は、本書ではもっぱら動物に関して用いられ、「本能の」「本能そのものによる」「本能そのものに直接由来する」という意味での『本能的』という用語である。一方、"instinctual"という語は、本書ではもっぱら人間に関して用いられ、「(動物に対応させれば）本能に当たるような」「本能様の」「本能に似た」「本能に相当する」という意味での『本能的』という用語である。翻訳技術上、両者を区別して訳出することは困難であったので、訳文中ではルビをふって区別してある。

（4）　この"uplift"には、単に「持ち上げる」「抱き上げる」という行動的な意味だけではなく、（このような原初的他者との出会いの時にエリクソンがしばしば指摘するような）「精神の高揚」「感情の高調」「歓喜」という精神的な意味が含まれることに注意されたい。本書では、同じ文脈の中で"exalt"という語もしばしば用いられている。

（5）　この"self-will"という語には、「自分の意志を持つ」という積極的な意味と、「(自分の意志を主張し過ぎて）我がままになる」という意味が、二重に込められていることに注意されたい。willfull という語も同様である。

（6）　"planfulness"も"play one's own game"も、ここでは肯定的に訳出してあるが、もちろん、「企みに満ちていること」「自分の利だけを計る」という否定的な意味を背後に持っていることは言うまでもない。ちなみに"play the game"という語は、「規則にしたがって行動をする、正々堂々と公明正大に振る舞う」という意味であり、エリクソンが「ゲーム」と言う時には（例えば前頁の「秩序あるゲームという、攻撃的な意図を公正というルールに結び付ける、人間の偉大な創造物が花を開く」)、我々日本人が単に「ゲーム」と言う時とはかなり異なるニュアンスを込めていることに注意しておかねばならない。もっとも「ゲーム」という語は、原語でも「策略」「おもちゃ（にする)」、遊び道具（にする)」という意味で用いられることがある。このような二重の意味を有する言葉の多用は、ある意味でエリクソンの特徴であり、彼の思考様式を顕著に反映しているものと思われる。

（7）　同調傾向（syntonic tendencies）と失調傾向（dystonic tendencies）という表現は、エリクソンが本書で初めて本格的に提示したものと思われる。"syntonic"とは、本来は電気の分野で「同じ周波数（あるいは特定の周波数）に合った状態」「それ故に共振が起こるような状態」を指す用語であるが、この語がクレッチマーによって「健康な循環気質の中間状態」を指すものとして使われ、それ以後、より一般的に「環境に調和した情緒反応を示す人間の状態」を表わす用語として用いられている。通常、「同調的」「同調性の」と訳される。「同調」という日本語は、「自分の意志や感情を抑えて他者のそれに合わせる」という意味を持ち、エリクソンが“syntonic”という語で表現しようとした「適応的な」「調和的な」という肯定的な意味との間にズレが生じてしまうが、しかしここでは、精神医学分野の慣行に従って「同調」と訳出した。一方、“dystonic”は、医学分野で通常「ジストニー」あるいは「失調（症）」と訳される“dystonia”の形容詞である。本書ではそれに従って「失調的」と訳出した。

（8） 原文には、この忠誠（fidelity）の後に、fidélité, fedeltà という語が括弧に入れて書き添えてある。fidelity の語源が、“faith”の意味を持つ“fidē”であることを示すことで、「信頼」との言語的関連を指摘したのだと思われる。

（9） “context”も“contextuality”も、「編み合わせる」「織り合わせる」という語源を持つことに注意されたい。

（10） transcendance という語は、ジョウン・エリクソンの造語であり、transcendence とともに「超越」を意味する名詞である。しかし、語尾を dance にすることによって、ダンスのもつ優美さや躍動性といったニュアンスを「超越」の語に含ませようとしたものと思われる。

訳者あとがき

本書は Erik H. Erikson. *The Life Cycle Completed: A REVIEW* (W. W. Norton & Company Inc., New York. 1982) の全訳である。

一九五〇年に『幼児期と社会』を世に問うて、一躍その独創的な人間理解の持つ透徹した、しかも幅広い統合的な観点に対して揺るぎない評価を獲得して以来、エリクソンは次々とその関心領域を広げ、心理‐社会的な視点から心理‐歴史的な視点に及ぶ広範な「エリクソンの世界」を構築してきた。一九〇二年にドイツで生れた彼は、ウィーンで児童精神分析家として世に出たが、やがてアメリカに渡り、ここでそのたぐい稀な才能が花開くこととなったのは周知のとおりである。一般にはアイデンティティという概念の提唱者として有名であり、そのゆえに青年と社会や歴史との関わりを解明したいくつかの仕事がよく知られているが、それらの根底にある水脈とも言うべき彼の根本的な関心事は、やはり人間を社会との相互的な関わりあいのなかで発達的に形成されて行く過程としてとらえる視点ではなかったろうか。本書が上記の処女作の三十年あまり後、彼が八十歳の年に公刊され、その題名も『ライフサイクル、その完結』となっていることは故なしとしない。丁度十冊目の著書として、彼が自らの一生の仕事の集大成の気持も込めてこの書物を出したであろうことは想像に難くない。（その後に出た本は、妻のジョウンその他との共著で老年期を扱った *Vital Involvement in Old Age* (1988) と、他の書物に収録されていなかった諸論稿を集めた書物 *A Way of Looking Things* (1987) との二冊にとどまっている。）

創造的な著作家の処女作には、その人が後に展開する発想の萌芽が全てといってよいほど埋蔵されているといわれる。『幼児期と社会』には、当時の時点では未だ十分には推敲されるに至らなかった彼の基本的な考えが、しかしまたそれだけに、ある種の迫力をもって提示されていた、との印象をもつのは私だけではないだろう。例えば、その第一章は「事例研究における関連性と相対性（Relevance and Relativity）」と題されているが、恥ずかしながら最近まで私はこれを、その題名に対して彼が含めていた深い意味にふさわしいほどには十分に理解することなしに読み過していた。この章の最後のほうで彼は次のように書いている。「〔個々の事例を理解する上で諸要因を〕それぞれが明確な位置付けをもち、しかも限定された開始点のあるような単純な系列や因果の鎖にはめこむことができない以上、我々にできることは、〔身体的、心理的、社会的という三つの次元に関しての〕既知のデータすべての関連性と相対性とを徐々にではあるが何とかして明確化するという、いわば三重帳簿を整える他に手はないのである」

今回の書物では、発達段階というものが絶対的な現象ではなく、「歴史的相対性」をもつものとして理解されるべきだと彼ははやくも冒頭から述べている。その一例として、老年期が「発見」されたのは近々二三十年のことに属する、というわけである。ついでながら児童期について言えば、有名なアリエスによる例の「児童の発見」という仕事が我々の記憶に新しいところであろう。

ちなみに、上述の「三重帳簿」について、今回訳出されたほうでは、「人間の実存は相互に補完し合う三つの体制化過程に依拠しているという仮定から話を始めよう」と述べられている。

再び『幼児期と社会』に戻るが、第二章には「幼児性欲の理論」という見出しが付いており、数十頁が当てられている。ちなみに、Sexuality を性欲と訳すのは誤解を生みやすいと思う。本訳書では「性愛」あるいは

「心理‐性的なるもの」という訳語を当てたが、その意味は「心理面からとらえられた人間の性的存在性」とでも言えるようなことである。ともあれ、彼はここで自らの踏まえているフロイトの心理‐性的な理論、即ち、未だ社会的な面は暗示にとどまっていて表には出てきていないところの、エリクソン流に言えば、身体と心理との二重帳簿、についてまず確認を試みたといえよう。最近のことだが、認知心理学者、教育心理学者として令名の高いジェローム・ブルーナーがエリクソンの論文集の書評において、社会思想家としてのエリクソンと精神分析家としてのエリクソンという二人のエリクソンの関係をややシニカルな調子で論じている文章（「みすず」326号「分析家たる芸術家――E・H・エリクソン『ものの見方』に寄せて」）を興味深く読んだが、エリクソン自身は自らのアイデンティティをあくまでも「分析家《アナリスト》」として位置付けており、心理‐性的な仮定を決してないがしろにすることはなかった点をここで強調しておくのも無意味ではなかろう。

なおエリクソンの発達説のキーワードでありながら必ずしも正当に受け止められていないかに思われるのが、「漸成」と訳されている概念である。英語の Epigenesis は本来生物学の用語で、Preformation 即ち予め生体のなかにそれぞれの器官の原形が用意されていて、発達はそれらが大きくなり顕現化することとする考え方、とは対立的に、発達していくコースの原案・基礎案こそ予め生体内に組み込まれているものの、個々の器官はあくまでも次々と新しく発生し形成されてはそれまでに作られたものの上に後から付け加えられながら、同時に全体のなかに統合化されていくとする考え方である。この語を「個体発達分化」と訳す人もいるが、これではハインツ・ウェルナーなどの考えと紛らわしいし、エリクソンが非常に重視した、固有の発生時期、発現の順序という本質特性が伝わりにくい。漸成、即ち「漸次的発生と形成」を採る所以である。この発達法則には、彼が人間と文化に寄せる深い信頼と願いが込められていることは、本書のなかの次の文からも窺い知ることができる。「健康な子どもは、適切な導きを得れば、意味ある諸経験の中で、漸成的な発達法則に沿った発達を順調に遂げていくことができると信頼して差し支えない」「しかしあらゆる文化は或る本質的な「適切な進度」と「適切な順序」を保証しなければならない」。ちなみに、エリクソンが渡米して間もない一時期、臨床心理学者、人格心理学者として高名なヘンリー・マレイに影響を受けたことは本書にも記されているが、元来生物学者であったマレイの人格理論にもエリクソンに先立ってこの漸成という考え方が見出されるのは興味深い。

ところでこの漸次的な形成の原理によって規定される心理 - 性的な発達の本質は、単に一人ひとりの個人の成長を理解するのに不可欠なばかりでなく、世代の周期（サイクル）とも不可分に結び付いている。「心理 - 性的な発達が心理 - 社会的な発達に変換されるためには、成人が世代継承的な課題に献身的に取り組むことが不可欠であろう」

三十年前には専ら「自我の成長」面について考察したエリクソンが、本書では個人のライフサイクルを越えて、世代から世代へというサイクルをもはっきりと視野のうちに入れて述べていることに注目したい。この間の一九七七年の書物で展開された「経験の儀式化（ritualization）」という独創的な概念も、自我心理学を越えた、より広大な彼の構想を支え、言語化していくのに大きな力となっている。もっとも、心理学的な発想に縛られている読者には、この「儀式化」という考えは分かりにくいかもしれない。上述の書物『玩具と理性』の訳者でもある近藤がその書のあとがきで解説したように、或るヴィジョンに支えられながら、自己の葛藤や願望を劇的なシナリオに沿って表現していくという営みは、決して単に遊戯療法のなかでの治療的な働きにとどまるものではなく、人間と社会の維持発展にとって欠くべからざるものなのである。

「儀式化」といえば、『幼児期と社会』では、これを鍵概念として提示こそしていないものの、エリクソンが儀式の持つ心理 - 社会的な意味の重要性にはっきりと気付いていたことは、アメリカ・インディアンの研究を述べた箇所で、ダコタ族の生活で最高の意義をもつ宗教的儀式として「太陽の踊り」を挙げ、その特質と意味について詳しく解説している点にも表われている。

このように、エリクソンの心理 - 社会的な視点を理解する上で、彼が若くしてインディアンの育児文化を研究する機会に恵まれた事実の持つ意味は実に深いと言わねばならない。このことは、『幼児期と社会』の第二部、約八十頁（英文）が「二つのアメリカ・インディアン部族における児童期」の研究に当てられていることからも窺い知ることができよう。現代の日本が古来からの伝統を急速に失いつつあるにもかかわらず、これに代わる新しい価値観や存在様式への展望も混沌としているという状況がいかに深刻な影響を育児にも及ぼしつつあるかは、エリクソンの洞察を念頭に置きつつ臨床的、社会的な様々な病理を見るにつけて痛切に理解されることである。

最後に翻訳の作業についてだけ一言しておきたい。筆者は共訳者に名を連ねているが、実際の仕事は全て近藤が行ない、筆者はただ訳文を見て若干の意見を述べたにとどまる。年長者のゆえと、筆者が長年にわたってエリクソンの仕事とその人に寄せてきた格別の「思い入れ」を近藤が察してくれて、連名となったと私は考えている。なお、原著の英文は、ひとつひとつの文章、ひとつひとつの語に、エリクソンの思想が、文字通り凝縮されて表現され、日本語に移し変えることはほとんど不可能とさえ思えるものであった。我々の非力をふりしぼって翻訳にあたったつもりであるが、本訳書が、エリクソンの思想や考え方を理解する手掛かりを読者に与えることが出来れば幸いである。

また、翻訳に際して、スタンフォード大学のナンシー・佐藤さんにお世話になった。心から感謝の意を表したい。

村瀬　孝雄

訳者あとがき（増補版）

エリック・エリクソンの『ライフサイクル、その完結』が出版されたのは一九八二年、エリックが八〇歳の時であった。彼は、一九九四年、九二歳で波瀾に満ちた生涯を閉じたが、その三年後（一九九七年）、夫人のジョウン・エリクソンによって増補版が出版された。増補部分は、「まえがき（増補版）」「五　第九の段階」「六　老年期とコミュニティ」「七　老年的超越」であり、全て夫人の執筆によるものである。

本書は、初版の翻訳に、この増補部分の翻訳を加えたものである。

八つの段階からなるエリクソンの発達理論、特に第八段階の老年期に関しては、それを修正する必要があることは、すでに初版の中でも暗示されていた。例えば、老年期の様相が近年急激に変化していることをあげて、「老年期の役割を、もう一度観察し直し、もう一度考え直す必要があることは疑いをいれない」（八〇頁）と述べている部分、あるいは第八段階の理論を「（老衰前の）老年期に当てはまる」（八四頁）と断って述べている部分等に、その兆しを見ることができる。ジョウンの「第九段階」に関する記述は、まさにこの「老衰」に向き合う老年期に焦点を当てたものであり、すでに初版執筆当時にエリクソン夫妻の間で議論されつつあったものを明瞭に言葉にしたものと思われる。

エリック・エリクソンの思考と彼の英語表現の背後にはジョウンの大きな支えがあったことはよく知られているが、彼女はこの増補版が出版された一九九七年に亡くなった。存命中に増補版を完成させたいという彼女の願いは辛うじて果たされたことになる。J・ウォーラースティンによると、彼女はダンスを勉強にウィーンに行った折に、同地で精神分析家としての訓練を受けていたエリックと出会い、結婚にいたった。大学コミュニティでの生活が長かったが、そこは彼女の性に合う場でも快い場でもなかった。むしろ、彼女は、知識や知性よりも、人間のからだ、感覚がもつ知恵、感情等を大切にし、目や耳や触感を信頼していた。「I think: therefore I am」というデカルトの言葉に対して、「I feel, and I am. I do, and I become」と反論を提起していた。その才能や想像力を宝石づくりや織物やダンスや振り付けに傾注していたが、特にビーズに対する関心は強く、それが六冊の単著のうちの一冊「The Universal Bead」に結晶した。「Saint Francis and His Four Ladies」は、聖フランシスを吟遊詩人としてとらえた独自の著作でもある。詩は彼女の豊かな内的世界を最も深く映し出していたもので、鳥や花や夜空等の自然界を愛でる詩が多かった。また、芸術活動への関与が人を癒し変容させる力をもつことに注目し、その種の活動を通して精神科病棟の患者に関わり、患者の苦悩を和らげていた。そして、晩年には、人生の最終段階の中心的課題は「摑まえておくこと」(holding on) と「手放すこと」(letting go) であると考え始めていたが、それを明確にフォーミュレートすることなく亡くなったという（この、聖ステパノ監督教会におけるJ・ウォーラースティンの、心のこもった追悼の辞は、ジョウンの人柄、仕事、エリックとの出会い等について貴重な情報を与えてくれる。関心を持つ方は、http://gos.sbc.edu/w/wallerstein1.html を参照されたい）。

ジョウンの筆になる本書の増補部分の記述は、このような背景を知ることによって、さらに理解が深くなると思われる。

増補部分の翻訳は、東京大学大学院教育学研究科の大学院生や卒業生とともに行なった。川原誠司（「まえがき（増補版）」）、芝督子・上田裕美・高橋亜希子・内海新祐（「五　第九の段階」）、滝井有美子（「六　老年期とコミュニティ」）、川原美香子（「七　老年的超越」）の皆さんである。訳文の精錬と訳語の統一を近藤が行なった。また、英文の解釈について、東京大学留学生センターのマーフィー重松先生に丁寧なご教示をいただいた。

なお、初版の共訳者である村瀬孝雄先生が一九九八年に亡くなられた。増補版の翻訳に携わった者は全て、何らかの形で先生の薫陶を受けてきた者である。先生は私達の姿を見つければ、すぐさま、「やあ！」と、細いからだに似合わぬ野太い声をあげ、笑みを浮かべて近寄ってこられたであろう。そして、「今度、増補版が出ましたので、皆で訳したんですよ」と私達が伝えれば、「それは大変だったろう」と、私達の労を優しくねぎらって下さったであろう。エリクソンの文章の翻訳の難しさを骨身にしみて感じておられたので。

本書を、私達の感謝の気持ちとともに、先生の墓前に捧げたいと思う。

近藤　邦夫

1966.

Lorenz, K. "Ritualization in the psychosocial evolution of human culture." In: Sir Julian Huxley, ed. *Philosophical Transactions of the Royal Society of London*. Series B, no. 172, vol. 251, 1966.

______*Die Ruckseite des Spiegels*. Munich: R. Piper & Co., 1973.（ローレンツ『鏡の背面―人間的認識の自然誌的考察― 上・下』谷口茂訳，思索社，1974）

Neubauer, P. B. "The life cycle as indicated by the nature of the transference in the psychoanalysis of children." *International Journal of Psycho-Analysis* 61 (1980): 137–43.

Piaget, J. "The general problems of the psychobiological development of the child." In *Discussions on Child Development*. Vol. IV, edited by Tanner, Jr., and B. Inhelder, pp. 3–27. New York, International Universities Press, 1960.

Spitz, R. A. "Life and the dialogue." In *Counterpoint: Libidinal Object and Subject*, edited by H. S. Gaskill. New York: International Universities Press, 1963.

Stockard, C. H. *The Physical Basis of Personality*. New York: W.W. Norton, 1931.

Tucker, R. C. *Philosophy and Myth in Karl Marx*. London & New York: Cambridge University Press, 1961.

———"The ego and the id" (1923). *Standard Edition*, 19:12–66. London: Hogarth Press; New York: W.W. Norton, 1961. (S. フロイト「自我とエス」(フロイト著作集 6) 井村恒郎・小此木啓吾他訳, 人文書院, 1970)

———"Civilization and its discontents" (1930[1929]). *Standard Edition*, 21:59–145. London: Hogarth Press; New York: W.W. Norton, 1961. (S. フロイト「文化への不満」(フロイト著作集 3) 高橋義孝訳, 1969)

———"New introductory lectures on psycho-analysis" (1933). *Standard Edition*, 22:7–182. London: Hogarth Press; New York: W.W. Norton, 1964. (S. フロイト「精神分析入門 (続)」(フロイト著作集 5) 懸田克躬・高橋義孝訳, 人文書院, 1971)

Greenspan, S. I. "An integrated approach to intelligence and adaptation: A synthesis of psychoanalytic and Piagetian developmental psychology." *Psychological Issues*. Vols. 3 and 4. New York: International Universities Press, 1979.

Greenspan, S. I. and Pollock, G. H., eds. *The Course of Life: Psychoanalytic Contributions Toward Understanding Personality Development*. Vol. 1: *Infancy and Early Childhood*. Washington, D.C.: U.S. Government Printing Office, 1980.

Hartmann, H. *Ego Psychology and the Problem of Adaptation* (1939). Translated by David Rapaport. New York: International Universities Press, 1958.

———"Notes on the reality principle." *The Psychoanalytic Study of the Child* 11 (1956): 31–53.

———"On rational and irrational actions." *Psychoanalysis and the Social Sciences*, Vol. 1. New York: International Universities Press, 1947.

Huxley, J. *From An Antique Land: Ancient and Modern in the Middle East*. New York: Harper and Row, 1966.

James, W. *The Letters of William James*. Edited by H. James. Boston: Atlantic Monthly Press, 1920.

Jones, E. *The Life and Work of Sigmund Freud*. London: Hogarth Press, 1953; New York: Basic Books, 1953. (ジョーンズ『フロイトの生涯』竹友安彦, 藤井治彦, 紀伊國屋書店, 1969)

Kakar, S. *The Inner World: A Psychoanalytic Study of Hindu Childhood and Society*. New Delhi and New York: Oxford University Press, 1977.

King, P. "The life cycle as indicated by the nature of the transference in the psychoanalysis of the middle-aged and elderly." *International Journal of Psycho-Analysis* 61 (1980): 153–59.

Knox, B. *Oedipus at Thebes*. New York: W.W. Norton, 1957.

Lifton, R. J. *History and Human Survival*. New York: Random House, 1970.

Loewenstein, R. M.; Newman, L. M.; Schur, M.; and Solnit, A., eds. *Psychoanalysis, A General Psychology*. New York: International Universities Press, *ality Development*, edited by S. I. Greenspan and G. H. Pollack. Washington, D.C.: U.S. Government Printing Office, 1980(a).

——"Psychoanalytic reflections on Einstein's Centenary." In: *Einstein and Humanism*. New York: Aspen Institute for Humanistic Studies, 1980(b).

——"On the generational cycle: an address." *International Journal of Psycho-Analysis* 61 (1980(c)): 213–22.

——"The Galilean sayings and the sense of 'I'." *Yale Review* Spring (1981): 321–62.

Erikson, J. M. "Eye to eye." In *The Man-Made Object*, edited by G. Kepes. New York: Braziller, 1966.

——(with Erik H. Erikson) "Growth and crises of the 'healthy personality.' " In *Symposium on the Healthy Personality*, edited by M. Senn. New York: Josiah Macy Foundation, 1950.

——*Activity—Recovery—Growth, The Communal Role of Planned Activity*. New York: W.W. Norton, 1976.

Erikson, K. T. *Wayward Puritans*. New York: Wiley, 1966.

Freud, A. "The concept of development lines." *The Psychoanalytic Study of the Child* 18:245–65, 1963.

——*Normality and Pathology in Childhood: Assessments of Development*. New York: International Universities Press, 1965.（A. フロイト『児童期の正常と異常』（アンナ・フロイト著作集 9）牧田清志・黒丸正四郎監，岩崎学術出版社，1981）

——*The Ego and the Mechanisms of Defense* (1936). New York: International Universities Press, 1966.（A. フロイト『自我と防衛機制』（アンナ・フロイト著作集 2）牧田清志・黒丸正四郎監，岩崎学術出版社，1982）

——"Child analysis as the study of mental growth (normal and abnormal)." In *The Course of Life: Psychoanalytic Contributions Toward Understanding Personality Development*, vol. 1, *Infancy and Early Childhood*, edited by S. I. Greenspan and G. H. Pollack. Washington, D.C.: U.S. Government Printing Office, 1980.

Freud, S. "On narcissism: An introduction" (1914). *Standard Edition*, 14:67–102. London: Hogarth Press; New York: W.W. Norton, 1957.（S. フロイト「ナルシシズム入門」（フロイト著作集 5）懸田克躬・高橋義孝訳，人文書院，1969）

——*The Origins of Psychoanalysis. Letters to Wilhelm Fliess, Drafts and Notes: 1887–1902*. Edited by Bonaparte. M.: Freud, A.: and Kris, E. London: Imago, 1954. New York: Basic Books, 1954.

——"Group psychology and the analysis of the ego" (1921). *Standard Edition*, 18:69–143. London: Hogarth Press; New York, W.W. Norton, 1955.（S. フロイト「集団心理学と自我の分析」（フロイト著作集 6）井村恒郎・小此木啓吾他訳，人文書院，1970）

参考文献

Benedek, T. "Parenthood as a developmental phase." *Journal of the American Psychoanalytic Association* 7 (1959): 389–417.

Blos, P. "The second individuation process of adolescence." *The Psychoanalytic Study of the Child* 22 (1967): 162–86.

——"The life cycle as indicated by the nature of the transference in the psychoanalysis of adolescents." *International Journal of Psycho-Analysis* 61 (1980): 145–50.

Collingwood, R. G. *The Idea of History*. New York: Oxford University Press, 1956.

Einstein, A. *Ideas and Opinions*. New York: Crown Publishers, 1954.

Erikson, E. H. "Bilderbücher. *Zeitschrift für Psychoanalytische Paedagogik* 5 (1931): 417–45.

——"Configurations in play—clinical notes." *Psychoanalytic Quarterly* 6 (1937): 139–214.

——"Freud's "The Origins of Psychoanalysis." *International Journal of Psycho-Analysis* 36 (1955): 1–15.

——*Young Man Luther: A Study in Psychoanalysis and History*. New York: W.W. Norton, 1958.（エリクソン『青年ルター』大沼隆訳，教文館，1974）

——*Identity and the Life Cycle*. New York: W. W. Norton, 1980.（エリクソン『自我同一性』小此木啓吾訳編，誠信書房，1973）

——*Childhood and Society*. New York: W.W. Norton, 1951; revised 1963.（エリクソン『幼児期と社会 1, 2』仁科弥生訳，みすず書房，1977, 1980）

——*Insight and Responsibility*. New York: W.W. Norton, 1964.（エリクソン『洞察と責任』鑪幹八郎訳，誠信書房，1971）

——*Gandhi's Truth*. New York: W.W. Norton, 1969.（エリクソン『ガンディーの真理 1, 2』星野美賀子訳，みすず書房，1973, 1974）

——*Dimensions of a New Identity: The 1973 Jefferson Lectures*. New York: W.W. Norton, 1974.（エリクソン『歴史のなかのアイデンティティ——ジェファソンと現代』五十嵐武士訳，みすず書房，1979）

——*Toys and Reasons: Stages in the Ritualization of Experience*. New York: W.W. Norton, 1977.（エリクソン『玩具と理性』近藤邦夫訳，みすず書房，1981）

——*Life History and the Historical Moment*. New York: W.W. Norton, 1978.

——"Elements of a psychoanalytic theory of psychosocial development. In *The Course of Life, Psychoanalytic Contributions Toward Understanding Person-*

著者略歴

(Erik H. Erikson, 1902-1994)

精神分析学者，臨床医．1902年ドイツにデンマーク系ユダヤ人医師の子として生まれる．大学中退後，画家としての遍歴時代を経て，ウィーンでアンナ・フロイト，ハインツ・ハルトマンに師事し，精神分析の訓練を受ける．1933年アメリカに渡り，ハーヴァード大学研究員を始めとしてイェール大学，カリフォルニア大学バークレー校などで臨床，教育につとめる．1960-70年ハーヴァード大学人間発達講座教授．著書『幼児期と社会』1，2（1977，1980）『ガンディーの真理』1，2（1973，1974）『歴史のなかのアイデンティティ』（1979）『老年期』（共著，1990）『青年ルター』1，2（2002，2003）（以上みすず書房）『アイデンティティ――青年と危機』（金沢文庫，1973）ほか．

(Joan M. Erikson, 1902?-1997)

画家，工芸家．E. エリクソンとともにライフサイクル理論の深化につとめてきた．サンフランシスコのオースティン・リッグス・センター，マウント・シオン病院などで，芸術的経験による患者の潜在能力の活性化を推進する．著作には「The Universal Bead」「Saint Francis and His Four Ladies」「Wisdom and the Senses」「Legacies: Prometeus Orpheus Socrates」「Activity, Recovery, Growth」などがある．

訳者略歴

村瀬孝雄〈むらせ・たかお〉 1930年メルボルンに生まれる．1953年東京大学文学部心理学科卒業，東京大学大学院教育心理学博士課程中退．東京大学教育学部助手，国立国府台病院，国立精神衛生研究所，立教大学，東京大学教育学部教授を経て，学習院大学教授．1998年没．著書『中学生の心とからだ』（岩波書店，1984）ほか．訳書B. ベッテルハイム『愛はすべてではない』（共訳，誠心書房，1968）E. ジェンドリン『体験過程と心理療法』（ナツメ社，1981）S. J. コーチン『現代臨床心理学』（監訳，弘文堂，1980）ほか．

近藤邦夫〈こんどう・くにお〉 1942年東京に生まれる．1965年国際基督教大学卒業，東京大学大学院教育心理学博士課程中退．東京大学学生相談所，千葉大学教育学部，東京大学教育学部を経て，現在，東京大学名誉教授．著書『教師と子どもの関係づくり』（東京大学出版会，1994）『子どもと教師のもつれ』（岩波書店，1995）『子どもの成長　教師の成長』（東京大学出版会，2000）．訳書『亡命の現代史4――社会学者・心理学者』（共訳，1973）『エリクソン　VS. ニュートン』（1975）エリクソン『玩具と理性』（1981）（以上みすず書房）S. J. コーチン『現代臨床心理学』（共訳，弘文堂，1980）．

E. H. エリクソン／J. M. エリクソン

ライフサイクル、その完結

〈増補版〉

村瀬孝雄・近藤邦夫訳

2001年3月23日　第1刷発行
2022年4月20日　第14刷発行

発行所 株式会社 みすず書房
〒113-0033 東京都文京区本郷2丁目20-7
電話 03-3814-0131（営業） 03-3815-9181（編集）
www.msz.co.jp

本文印刷所 理想社
扉・表紙・カバー印刷所 リヒトプランニング
製本所 誠製本

ISBN 4-622-03967-2
［ライフサイクルそのかんけつ］